ENSEIGNEZ L'ARGENT À VOS ENFANTS

LE GUIDE DE L'ÉDUCATION FINANCIÈRE DE 3 À 18 ANS

RÉMI DE TRUCHIS DE VARENNES

PALONS LONG TERME EDITIONS

TABLE DES MATIÈRES

AVANT-PROPOS

Écrit par Jean-Louis Wolfs.

Partant d'une conversation lors de nos premiers échanges, nous y voilà. Rémi, notre auteur, a réalisé son projet d'écrire son premier livre sur un thème qui lui est cher et qu'il maîtrise : celui d'initier ceux qui l'écoutent à l'argent et à l'investissement pour que cela puisse être ensuite retransmis.

Investi et s'investir sont des mots qui définissent à merveille notre auteur. Peu de personnes sont aussi professionnelles, assidues, disciplinées et passionnées que lui. Quand on parle d'argent et plus spécifiquement d'investissement boursier, on pourrait s'imaginer une personne dénuée de morale, de valeurs et uniquement intéressée par l'appât du gain. Et pourtant, Rémi est aux antipodes de cette image du requin de la finance. C'est une personne avec de très belles valeurs humaines et qui, au fond de lui, a profondément envie de partager ses connaissances, son expérience et ainsi, d'aider les personnes à devenir capables de gérer leurs finances puis de transmettre cela à leur descendance.

De par l'écriture de ce livre, les principaux objectifs de notre auteur sont d'éveiller la conscience pour comprendre les bienfaits d'une éducation financière ainsi qu'apporter une réponse claire à comment transmettre cela à nos enfants. Les notions qu'il transmet sont essentielles et doivent être appliquées le plus tôt possible. De plus, ce livre vous permettra de comprendre et transmettre le potentiel de l'investissement sur le long terme afin de faire travailler l'argent pour vous et non de travailler pour lui.

Pour éduquer financièrement vos enfants ainsi que pour votre propre éducation financière si vous n'en avez pas bénéficié, ce livre doit être lu. Avoir une bonne éducation financière et un rapport sain à l'argent afin de gérer intelligemment ses actifs est selon moi aussi important que d'être éduqué à vivre en société, l'intelligence émotionnelle, une bonne communication et bien d'autres qualités humaines indispensables à une expérience de vie heureuse et épanouissante.

Malheureusement, le système scolaire néglige souvent les points cités précédemment. Mais aujourd'hui, vous avez entre les mains un bel outil pour pallier ce manque et je vous en félicite.

Je remercie chaleureusement Rémi de m'avoir permis d'écrire cet avant-propos, qui je l'espère vous donnera l'envie de vous plonger sans tarder dans la lecture de ce livre, de le comprendre, de le mettre en application puis de transmettre son contenu à tous ceux qui vous entourent.

Bonne lecture.

Jean-Louis Wolf est un entrepreneur belge à succès. Sa réussite l'a conduit à investir dans l'immobilier puis en bourse. Déçu par les services des banques d'investissements traditionnelles, il fut le premier à faire confiance à Rémi lors du lancement de son entreprise de conseil en gestion de patrimoine. Lors de leur première collaboration, il réalisa une performance de 72% de rentabilité en seulement 20 mois sur plus de 500'000€ investis, le début d'une belle aventure.

INTRODUCTION

« L'argent ne tombe pas du ciel »

Tels sont les mots qui constituent, pour la plupart d'entre nous, l'entièreté de l'éducation financière déplorable que nous avons reçue.

En effet, de nombreux parents s'arrêtent là et n'aident pas leurs enfants à acquérir les compétences financières de base. La *11e enquête annuelle sur les parents, les enfants et l'argent* de T. Rowe Price[1] a révélé que près de la moitié des parents rateraient des occasions de parler d'argent et de finances à leurs enfants. Un quart des parents a même déclaré qu'ils étaient extrêmement réticents à l'idée même de discuter de sujets financiers avec leurs enfants.

Les enfants, en revanche, sont impatients que leurs parents partagent leur sagesse au sujet de cet inconnu, tout comme je l'étais. La moitié des enfants interrogés ont déclaré qu'ils aimeraient que leurs parents leur en apprennent davantage sur l'argent.

Sans surprise, nombreuses sont les études qui démontrent, en plus, qu'une bonne éducation financière est corrélée à un bon comportement financier[2].

Mais aujourd'hui, pour vous, l'histoire est différente.

L'histoire est différente, car vous avez choisi de prendre de votre temps pour apprendre à éduquer financièrement les enfants qui vous entourent.

Cependant, permettez-moi de vous prévenir. Ma vision via ce livre n'est pas d'énoncer un certain nombre de notions sur lesquelles philosopher lors de dîners mondains.

De même, ce livre n'a pas vocation à attraper la poussière dans une belle bibliothèque composée de beaux manuscrits aux reliures luxuriantes.

Le contenu de livre a pour but d'être appliqué pour permettre à des milliers d'enfants de gagner en liberté. Par association, ce livre a pour but d'aider des milliers de parents à prendre le même chemin.

De plus, ce livre a pour but d'être partagé donc une fois lu, transmettez-le autour de vous !

La méthode dont je vais vous faire part est absente de tous les cursus scolaires tout en étant d'utilité publique.

Mais avant de débuter, cassons cette idée reçue au sujet de la richesse.

La richesse n'est pas un montant, mais un ratio entre ce que l'on gagne et ce que l'on dépense.

Dans cette idée, je vous apprendrai à transmettre un ensemble de concepts qui emmènera naturellement vos enfants à raisonner leurs dépenses, à maximiser leurs revenus, puis à les investir avec justesse.

Vos enfants peuvent éviter toutes les erreurs que vous avez pu faire par manque d'éducation financière. Mais ces notions ne leur seront pas transmises à l'école. Prenez donc en main leur initiation à l'argent pour leur permettre de vivre une vie décontractée à ce sujet.

Dans le cadre de mon métier de conseiller en gestion de patrimoine, j'ai l'occasion de rencontrer des gens de tout horizon qui me parle librement de leur relation à l'argent.

Certains ont grandi dans un milieu modeste, d'autres dans un milieu extrêmement aisé. Et s'il y a bien une chose que j'ai apprise avec le temps, c'est que, quel que soit le milieu dans lequel on a grandi ainsi que les études que l'on fait, l'éducation financière est systématiquement la grande oubliée des programmes.

Je n'approfondirai pas sur les raisons sociologiques de cet oubli. Néanmoins, je suis obligé de constater que la majorité des personnes dotée d'une éducation financière remarquable qui m'entoure ont appris ça d'elles même.

Cependant, ce n'est pas parfaitement mon cas.

Un de mes oncles m'a initié tôt à l'argent, ce qui m'a facilité la vie.

Cette initiation m'a conduit à me passionner pour ce sujet.

Et cette passion m'a permis de réussir financièrement rapidement.

C'est exactement ce que je souhaite pour vos enfants. Offrez-leur une éducation qui leur permettra de gagner en liberté financière rapidement afin qu'ils aient le choix de **s'accomplir dans ce qu'ils souhaitent, quelle que soit leur vocation !**

• Qui suis-je pour parler d'éducation financière ?

Je m'appelle Rémi de Truchis de Varennes. Ingénieur généraliste de formation, j'ai rapidement voulu gagner en liberté en partageant ma passion pour l'éducation financière et plus précisément pour une stratégie d'investissement en bourse à long terme nommé « value investing ». Je me suis donc reconverti en tant que conseiller en gestion de patrimoine indépendant. Je consacre aujourd'hui ma vie à transmettre ma passion pour l'éducation financière et la finance grâce ma chaîne YouTube, Parlons Long Terme[3], ainsi que par mon agence en ligne de conseil en gestion de patrimoine. Une entreprise spécialisée dans le conseil en allocation de capital en bourse qui délivre des services à plusieurs centaines de clients professionnels et particuliers dans plus de 9 pays.

Maintenant, affirmer que je me suis construit seul serait un mensonge.

Ce qui m'a permis de devenir, avant mes 30 ans, le conseiller en gestion de patrimoine que des conseillers en gestion de patrimoines consultent pour décupler leur rentabilité, c'est mon éducation financière.

Cette éducation, je la dois initialement à un de mes oncles.

La culture catholique dans laquelle j'ai grandi et l'éducation que j'ai reçue via le système scolaire publique français m'a transmis le fait que dans la société, le pauvre était naturellement bon et le riche naturellement mauvais.

Mais mon oncle me raconta une tout autre histoire. Il me raconta l'histoire d'homme et de femme créant de la valeur produisant des emplois et finançant notre système public. L'histoire d'entrepreneurs audacieux dormant dans leurs voitures pour créer l'entreprise de leur rêve. L'histoire d'investisseurs visionnaires qui, par l'apport de leur capital, propulsent des idées magnifiques de créateurs de valeur dans le monde réel.

Mais ce n'est pas tout. Il m'enseigna également la notion d'épargne.

Je me souviens du jour du mariage de sa fille ainée comme si c'était hier.

Le mariage était grandiose. Quand je lui demandai s'il avait emprunté pour financer cet évènement, il me répondit que non. Il avait épargné une petite somme chaque mois depuis le début de l'adolescence de sa fille. Déjà personnellement bouche bée, il ajouta à cela qu'il venait de terminer l'enveloppe du mariage de son deuxième enfant et qu'il débutait la troisième.

En plus de ses enseignements, je me suis, suite à la création d'une première entreprise à 21 ans, pris de passion pour l'investissement en bourse à long terme dont j'ai fait mon métier.

Ces notions d'épargne, de dépense et d'investissement que j'ai reçues et que j'ai approfondies avec le temps, vous pouvez de la même manière faire les vôtres et les transmettre à vos enfants grâce à ce livre.

Inspiré des propos de mon oncle, de mon expérience en finance ainsi que des plus grands auteurs du monde à ce sujet, vous avez entre les mains un guide pratique pour initier, quelles que soient leurs tranches d'âges, les enfants qui vous entourent au sujet de l'argent.

Pour vous : parents, grands-parents, oncles, tantes, parrain, marraine, éducateurs, grand frère, grande sœur, sachez que l'objectif de ce livre est double :

1. Il n'y a pas meilleure façon d'apprendre que d'enseigner. Pour enseigner un concept, nous sommes obligés de l'intégrer parfaitement, d'en comprendre les subtilités et surtout de donner l'exemple. En transmettant les concepts qui façonnent ces lignes à vos enfants, vous progresserez donc vous aussi.

2. L'impact – La valeur qui m'anime le plus est la liberté. Un des plus grands facteurs de manque de liberté en Occident au 21e siècle est le manque d'argent (intrinsèquement lié au manque de temps). Progresser sur ces notions permettra à des milliers d'enfants d'être plus épanouis. Ils seront plus épanouis, car ils n'auront pas à consommer l'énergie mentale que certains d'entre nous dépensent au sujet de l'argent. Ils seront munis des bonnes armes pour dépenser, épargner, investir puis redistribués.

Dans cette idée, ce livre vous fournira un ensemble de notions, d'exemples d'applications et de jeux à proposer à vos enfants selon leur tranche d'âge.

Grand amoureux de la cuisine à mes heures perdues, je me suis parfois permis de comparer ce livre à un livre de cuisine lorsque je l'ai recommandé à certains membres de ma famille. Je tiens à préciser que je n'ai jamais été capable de suivre une recette. En revanche, les livres de cuisine m'inspirent pour réaliser mes meilleurs petits plats. Raison pour laquelle je souhaite que ce livre soit pour vous un recueil d'idées et d'exemples à picorer selon la tranche d'âge des enfants qui en bénéficieront.

En lisant ce livre :

- Vous renforcerez vos liens grâce aux débats qu'il vous faudra avoir.
- Vous apprendrez à susciter l'intérêt de votre enfant pour l'épargne.
- Vous l'aiderez à se confronter à des choix pour les hiérarchiser.
- Vous le conduirez à adopter de bons réflexes d'épargne pour ne jamais manquer.
- Vous le sensibiliserez au fait de donner, car c'est essentiel.
- Vous le sensibiliserez également à la notion de dette.
- Vous l'encouragerez à anticiper pour gagner en responsabilité.
- Vous lui enseignerez la différence entre un actif et un passif pour qu'il puisse maximiser ses premiers revenus facilement.

- Vous lui ferez prendre conscience de l'importance d'investir le plus tôt possible.

Puis, par ricochet, vous progresserez également en adoptant les bons réflexes.

Pour accéder à la plateforme d'entraide entre parents ainsi qu'à tous les bonus-surprises et les ressources exclusives associées au livre, rendez-vous à l'adresse :

https://www.eduquer-financierement-ses-enfants.fr/bonus-livre

Ou scanner ce QRcode pour accéder directement à la page.

CHAPITRE 1

POURQUOI NE FAUT-IL PAS PRENDRE CE SUJET À LA LÉGÈRE ?

Lire ce livre, c'est faire un choix déterminant pour les enfants qui profiteront de vos conseils. Je le reconnais, cette affirmation est forte, mais après la lecture des quelques lignes qui suivent, vous en aurez le cœur net.

Il existe un système en 5 étapes, pour enseigner l'argent aux enfants. Les grandes lignes ci-dessous seront reprises lors de l'étude approfondie par tranche d'âge qui compose ce livre.

1. Parlez d'argent régulièrement et le plus tôt possible
2. Laissez les enfants expérimenter
3. Laissez la possibilité aux enfants de faire des erreurs
4. Définissez des limites à ne pas franchir
5. Transmettez-leur une structure dont ils pourront s'inspirer

Chacun de ces conseils est essentiel, raison pour laquelle ils donneront lieu à des cas pratiques, à des exemples d'applications ainsi qu'à quelques apports théoriques complémentaires.

Mais avant cela, permettez-moi de souligner une dernière fois l'importance d'une éducation financière réussie pour le bien être et l'accomplissement des enfants.

CINQ DANGERS LIÉS À L'ABSENCE D'ÉDUCATION FINANCIÈRE CHEZ LES ENFANTS

Il existe 5 principaux dangers[1] qu'encourent les enfants dont l'éducation financière aurait été trop partielle, voire complètement omise. Une éducation financière qui, comme vous allez le voir, n'est pas innée, mais qui, une fois acquise, permet à toute personne de s'accomplir, quel que soit le domaine.

Le premier danger est celui de **la dépendance financière**. Cela se caractérise par des comportements irresponsables allant des achats compulsifs excessifs au surendettement. Dans le pire des cas, ces enfants restent financièrement dépendants de leur famille toute leur vie (dans l'hypothèse où cette dernière a les moyens de les soutenir).

Le second risque très répandu est celui de **la valeur destructrice**. Soit un matérialisme excessif où l'enfant (puis l'adulte qu'il deviendra) deviendra accro à l'accumulation de biens notamment parce qu'il indexe l'estime qu'il a de lui-même sur ses possessions matérielles. Ce syndrome, souvent caractéristique des « nouveaux riches », fait partie des traits de caractère sur lesquels nous allons travailler tout au long de cet écrit.

La perte de confiance représente le troisième risque. Elle peut apparaître lors de décisions financières non judicieuses et même tout au long de la vie. Se détacher émotionnellement de l'argent est donc essentiel et nous y veillerons.

Le quatrième risque, et très certainement le plus connu, est celui de **la dette**. Bien que la sensibilisation des enfants à son sujet paraisse délicate, il existe des moyens de leur introduire ces concepts. Mieux encore, il existe des façons de leur apprendre la différence entre une bonne et une mauvaise dette.

Enfin, le dernier danger que nous voulons à tout prix éviter est le **conflit familial**. Des familles s'écharpent, s'écartèlent voire se déchirent suite à des conflits financiers. De la gestion des fondements jusqu'aux émotions, ce que nous verrons dans la seconde partie de cet écrit aura pour but d'éviter cela.

Loin de moi l'idée d'être alarmiste, en soi, l'argent n'est qu'une idée. En augmentant son **CIF (coefficient**

d'intelligence financière), on apprend juste à mieux le maîtriser.

Un jour, un de mes mentors m'a dit : « Tu sais Rémi, l'argent, c'est comme l'oxygène, lorsqu'on en manque, on ne pense qu'à ça. Lorsqu'on en a trop, ça nous passe au-dessus de la tête ». Ces mots sont justes. Ce qu'il avait en revanche oublié de préciser, c'est que nous n'avons pas tous les mêmes besoins. Vivre à Madagascar ou aux États-Unis ne nécessite pas les mêmes budgets. De même, au sein d'un même milieu, entre deux individus, les habitudes de dépenses seront différentes.

Cette lecture va vous montrer comment maximiser le CIF de vos enfants en leur transmettant par exemple à ne pas avoir besoin de trop d'argent. Moins on en a besoin, plus on est libre financièrement. Plus on en a besoin, plus l'argent nous passe sous le nez. De plus, avec mon expérience personnelle, je peux aujourd'hui affirmer que moins on a besoin d'argent, plus on en fait, car les décisions que l'on fait sont plus pertinentes à long terme.

Enfin, ce livre a également pour but d'**agir pour que le génie de nos enfants ne soit pas brisé**. Dans son livre *Rich Kid Smart Kid: Giving Your Child a Financial Head Start*[2], Robert T. KIYOSAKI nous rappelle les propos de Howard Gardner sur les 8 types d'intelligences que le système éducatif ne valorise pas de façon égale.

A) L'INTELLIGENCE LOGICO-MATHÉMATIQUE

C'est le discernement associé aux capacités mathématiques et scientifiques. Le raisonnement ordonné et rigoureux en fait un trait d'intelligence particulièrement apprécié du système éducatif et professionnel.

B) L'INTELLIGENCE VERBO-LINGUISTIQUE

C'est la finesse des mots, des langues, du raisonnement que l'on nomme littéraire. C'est une compétence également très appréciée du système éducatif.

C) L'INTELLIGENCE MUSICALE-RYTHMIQUE

C'est la sagacité du rythme, la sensibilité émotionnelle auditive, la perception fine des timbres sonores et des langues.

D) L'INTELLIGENCE CORPORELLE-KINESTHÉSIQUE

C'est le jugement de la perception et de l'expression corporelle. De la danseuse étoile pouvant nous bouleverser d'émotion aux manipulations rachidiennes d'un ostéopathe en passant par tous ceux qui ont de l'or au bout des doigts, c'est une forme d'intelligence rarement nommée comme telle. Or, elle mérite d'être reconnue.

E) L'INTELLIGENCE VISIO-SPATIALE

C'est le troisième œil de l'architecte, du sculpteur ou de l'ingénieur mécanique qui se représente mentalement des idées et parvient à les visualiser.

F) L'INTELLIGENCE INTERPERSONNELLE

Souvent dénommée intelligence sociale par l'aptitude qu'ont ces individus à interagir, c'est l'intellect qui allie perception des autres, sensibilité et bien souvent créativité et qui leur permet de s'adapter dans de multiples milieux. Elle est souvent caractéristique des leaders qui savent à la fois s'exprimer et motiver ceux qui les suivent.

I) L'INTELLIGENCE INTRAPERSONNELLE

C'est la perspicacité de l'introspection, celle de savoir-faire parfaitement l'état de l'art de ses qualités et faiblesses afin de vivre une vie cohérente par rapport à ces données.

J) L'INTELLIGENCE NATURALISTE-ÉCOLOGISTE

C'est la clairvoyance du vivant. Celle qui allie compréhension des animaux, de l'environnement dans lequel l'Homme évolue et toutes les connaissances et sensibilités qui s'y rapportent.

Comme vous pouvez le constater, jusqu'à ses 16-18 ans, seuls ceux qui ont des facilités prononcées dans les formes d'intelligence a) et b) seront valorisés à leur juste valeur.

Pour autant, dans la vie professionnelle, celle que nous rencontrons après avoir quitté l'école, l'histoire est bien différente.

Je connais des mathématiciens fauchés ou même de grands littéraires nécessiteux. L'excellence scolaire n'est donc pas une assurance que votre enfant aura de quoi se nourrir. De la même façon, il y a des musiciens indigents, des amoureux de la nature pauvre ou bien encore des photographes sans travail ni client.

En revanche, je ne connais personne bien éduqué financièrement qui soit fauché. Une bonne éducation financière est une assurance contre la pauvreté, le chômage, et la réalisation d'un projet de vie qui n'est pas le nôtre.

Je tiens quand même à faire cette petite précision, mon idée n'est pas que votre enfant ne doit pas prendre au sérieux les cours qui lui sont proposés à l'école ainsi que ses devoirs. L'acquisition des compétences de base logico-mathématiques et verbo-linguistiques est une condition nécessaire à une bonne éducation financière. De même, l'habitude de faire ses devoirs après l'école est essentielle. Du développement d'une première entreprise, de nos compétences pour investir jusqu'à l'accomplissement de tâches qui nous tiennent à cœur, cela se fait souvent après nos obligations salariales (ou scolaires pour ceux qui s'y prennent très tôt). Le fait de prendre le réflexe de faire ses devoirs le soir prend alors tout son sens.

De plus, contrairement aux autres types d'intelligences où nous avons, selon notre génétique/épigénétique, plus ou moins de facilités à les acquérir, **l'intelligence financière n'a rien d'inné**.

Le CIF de votre enfant se développe à partir du même point de départ, contrairement à ces 8 formes d'intelligences pour lesquelles certains individus auront plus de facilités que d'autres.

Armés de ces capacités, vos enfants pourront pleinement exploiter les compétences qui sont les leurs sans jamais avoir à dépenser 70 % de leur temps de vie dans un domaine qui ne leur correspond pas par nécessité. D'où la nécessité de prendre tôt en main leur éducation financière.

LA STRUCTURE DU PROCESSUS

Dans ce livre, je souhaite fournir des notions, exemples d'application et jeux concrets à mettre en place avec les enfants selon leur tranche d'âge. Chaque chapitre correspond à une tranche d'âge avec son lot de notions, d'exemples d'application et de jeux.

Libre à vous de cibler les chapitres qui vous correspondent le plus ou de lire ces pages d'une traite. L'éducation n'étant en rien une science exacte, ce qu'il m'a semblé juste d'aborder à 8-10 ans vous semblera peut-être plus judicieux à mettre en lumière vers 11-13 ans.

Ceci étant dit, c'est avec plaisir que je lirai, corrigerai et prendrai en compte tous vos retours. Parce que les bonnes idées sont partagées, j'ai mis en place un groupe d'entraide accessible gratuitement pour tous les lecteurs de cette œuvre.

Pour accéder à la plateforme d'entraide entre parents ainsi qu'à tous les bonus surprises et les ressources exclusives associées au livre, rendez-vous à l'adresse :

https://www.eduquer-financierement-ses-enfants.fr/bonus-livre

Ou scanner ce QRcode pour accéder directement à la page.

CHAPITRE 2

INTRODUCTION À L'ARGENT POUR LES ENFANTS DE 3 À 5 ANS

L'OCDE (Organisation de coopération et de développement économique) a publié en 2005 un rapport intitulé « Recommendation on Principles and Good Practices for Financial Education and Awareness »[1]. La recommandation était claire : il n'y a pas d'âge pour commencer l'éducation financière des enfants. Plus on s'y prend tôt, mieux c'est ! Ils soulignent d'ailleurs l'importance d'intégrer ces notions dans les programmes scolaires pour épauler les parents qui ne seraient, dans leurs difficultés, pas aptes à « éduquer financièrement leurs enfants ».

L'intégration de ces concepts dans les programmes dès le plus jeune âge permettra aux enfants d'acquérir les connaissances et les compétences nécessaires pour adopter un comportement financier responsable à chaque étape de leur éducation. Ceci étant dit, cela n'existe quasiment pas à l'heure actuelle. D'où la raison d'être de ce livre pour transmettre, quelle que soit votre histoire, les bons réflexes financiers à vos enfants qui les suivront tout le reste de leur vie.

Motivés comme nous le sommes, nous allons nous pencher sur les notions, les activités et jeux que nous pourrons proposer aux enfants par tranche d'âge afin de ne pas brûler d'étape. Si votre enfant prend ce train en cours de route, rien de grave ! Assurez-vous juste de bien reprendre toutes les étapes de son éducation financière afin de vous assurer de l'assimilation de chaque notion avant de passer à la suivante.

LES NOTIONS

De 3 à 5 ans, chaque nouvelle expérience est source d'un apprentissage qui marquera leur construction identitaire. Une notion peut cependant les intriguer et peut bénéficier à l'heure actuelle d'une réponse. Une notion qui les interroge lorsqu'ils vous accompagnent faire les courses, acheter votre pain ou encore des bonbons. Cette notion c'est l'argent. Matérialisée par de l'argent liquide ou une carte bancaire, la première étape de leur éducation financière entre 3 et 5 ans va être de leur faire prendre conscience de la notion de l'argent.

Au cours de cet apprentissage, plusieurs concepts entrent en jeu :

- Reconnaître
- Échanger
- Sécuriser

- Calculer

Ces 4 concepts seront les fondements de l'introduction de l'éducation financière que vous proposerez à votre enfant si vous suivez cette méthode.

Reconnaître est donc le premier de ces 4 concepts. Il a pour but de mettre des mots sur ces pièces, billets et cartes bancaires qui passent sous le nez de votre enfant sans pour autant savoir de quoi il en retourne avant que vous leur expliquiez clairement.

Toutes les pièces n'ont pas la même taille, tous les billets n'ont pas la même couleur, mais pourquoi donc ? Cette question est légitime et mérite une réponse et un éclairage de la part de l'adulte. En effet, en ayant une réponse à ces questions, l'enfant va alors pouvoir développer sa curiosité concernant l'argent.

Après avoir pris connaissance de l'argent vient la prise de conscience de l'échange. Si lors de la sortie des classes, vous passez acheter un goûter au supermarché, les trois pièces que vous donnerez en échange de la friandise pourront donner lieu à un échange. **L'argent est un étalon d'échange**, c'est la notion à transmettre et nous verrons ensuite l'activité dédiée.

Ensuite, la prise de conscience de la valeur de l'argent. Une valeur qui nécessite d'y faire attention. Une valeur qui exige d'être conservée en lieu sûr.

Enfin, comme nous le verrons plusieurs fois, se familiariser avec l'argent est un excellent moyen de se familiariser avec nos notions de mathématiques élémentaires. Utiliser le comptage pour montrer à votre enfant comment l'argent s'additionne et à fortiori s'économise !

Dans chacune de ces étapes, il est essentiel de questionner les enfants sur ces concepts.

« Ici, un bonbon coûte 1 €, préfères-tu attendre demain pour acheter / dépenser 1 € au supermarché afin d'avoir un paquet entier pour cette même somme ou avoir un seul bonbon maintenant ? »

Après être passé à la caisse : « que vient-il de se passer ? »

Comme nous le verrons à de multiples reprises, l'intérêt de ce genre de questions est de verbaliser ce qu'il s'est passé et comment cela aurait pu se passer s'il avait fait un autre choix. Il est important de laisser réellement le choix à l'enfant sans influencer sa réponse et sans insister pour qu'il attende le lendemain. Le but est qu'il fasse son propre choix et qu'il apprenne par lui-même.

Bref, des questions qui nous mènent vers les deux étapes qui suivent ce premier apport conceptuel.

MISE EN PRATIQUE

Passons à cette première mise en pratique, car comme le disait l'historien américain Roy Lemon Smith, « n'oublions pas que les enfants suivent les exemples mieux qu'ils n'écoutent les conseils ».

Une mise en application simple, mais à côté de laquelle beaucoup de parents passent, c'est le fait d'impliquer les enfants dans les gestes du quotidien. Certes, le fait d'impliquer les enfants dans les gestes du quotidien est une mise en application simple, mais parfois difficile à mettre en place. Il reste primordial d'avoir cet élément en tête et d'y penser au maximum afin de permettre à l'enfant d'observer et de réaliser ses propres expériences.

Entre ses 3 et 5 ans, vous irez sûrement faire des courses en compagnie de votre enfant, favorisez de temps à autre le liquide, donnez-le à votre enfant et demandez-lui de payer la caissière. Il devra ensuite récupérer la monnaie et vous la rendre. Parlez à voix haute lorsque vous payez quelque chose avec votre carte bleue, lorsque vous vérifiez vos tickets de caisse. Toutes ces étapes éveilleront votre enfant sur la thématique de l'argent, cela lui permettra de vous poser des questions auxquelles il faudra répondre !

Cette mise en application est soutenue par de nombreux spécialistes dont Mélanie Hopkins, fondatrice de Finance Friend. Pour la citer « Quand ils reçoivent une friandise à la boulangerie ou un jouet au magasin de jouets, laissez-les remettre l'argent liquide ou la carte de crédit au caissier. [...] Cela les aide à comprendre que l'argent est transactionnel, ce qui est un concept de base sur lequel vous pouvez vous appuyer à mesure qu'ils grandissent. »

Maintenant, cela n'a rien de très amusant et « les enfants n'ont point d'affaires plus sérieuses que leurs jeux » pour citer Michel de Montaigne. En effet, le jeu est une médiation qui va permettre à l'enfant d'expérimenter, de manipuler et d'avoir des éléments de compréhension sur l'argent et ses utilisations. Voici donc quelques idées de jeux qui nous permettront d'introduire notre notion.

LES JEUX

a) Les daltons de pièces

Le premier petit jeu consiste à vider la tirelire résultant de la monnaie de vos courses ou encore votre portefeuille sur la table ou faire des daltons de pièce.

Cela peut consister à les ranger du plus petit au plus grand, ce qui, d'ailleurs, peut faire l'objet d'un jeu à plusieurs où la rapidité permet de désigner le gagnant.

Ou alors, cela peut se faire en empilant les pièces de même taille les unes sur les autres.

b) Le fructueux décalque

Comme son nom l'indique, l'idée du fructueux décalque consiste à proposer à votre enfant en guise de jeu de décalquer des pièces de monnaie !

Pour se faire, montrez-lui l'exemple. Rien de bien méchant, rassurez-vous, il suffit de se munir d'une feuille et d'un crayon puis de frotter délicatement cette dernière jusqu'à ce que le motif de la pièce ressorte. Un moyen simple et efficace pour permettre à votre enfant d'entrevoir les différences de valeur entre chaque pièce.

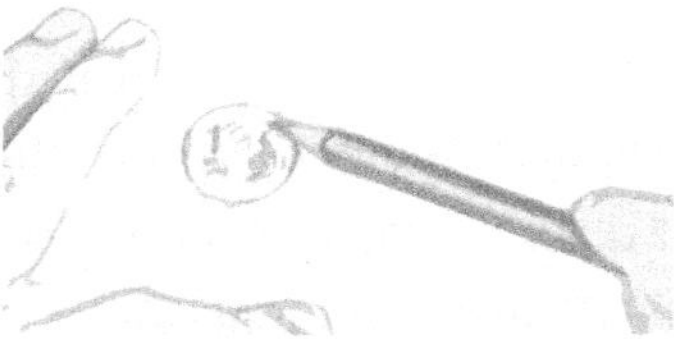

c) La marchande et le marchand

Au cours de ce jeu, l'enfant va mimer des situations lors desquelles nous échangeons de l'argent contre des biens. Profitez de ces occasions pour jouer avec eux, pour les encourager à commenter leurs actes.

Un jour, votre enfant vous proposera une télévision pour quelques euros. Le jour d'après, ce sera un café pour une centaine. De par vos réactions, il discernera un prix juste et un prix qui ne l'est pas. Bien qu'il suscitera vos réactions en proposant des prix exorbitants pour s'amuser, des références naissent. L'évaluation juste de la valeur des objets n'aura pas lieu du jour au lendemain. C'est bien sûr après de nombreuses expérimentations que l'enfant va, petit à petit, avoir une idée des prix raisonnables. Il ne faut pas s'inquiéter s'il vous dit à 5 ans qu'il vend sa maison à 100 euros.

Nous en conviendrons, l'heure n'est pas encore à la réflexion financière profonde, mais cela permet d'entamer le sujet de l'argent en douceur et surtout sans tabou. Cette question du tabou est importante. En effet, l'enfant ressent très vite lorsque son parent est gêné d'évoquer tel ou tel sujet. Ces sujets peuvent alors rapidement devenir tabous et ne plus être abordés par l'enfant. Le fait d'aborder la question de l'argent dès cet âge-là permettra d'éviter tout malaise.

Cela sera également l'occasion de s'adonner à l'exercice ô combien important qu'est la négociation ! Un exercice qu'il va falloir apprendre à maîtriser, car de la négociation du salaire lors de son premier emploi à l'achat de sa première voiture, en passant par le prix du renouvèlement de nos abonnements, il faut savoir négocier !

Commençons à initier les enfants à l'argent le plus tôt possible. Cela passe par des jeux de familiarisation et le fait de les faire participer aux gestes quotidiens impliquant des transactions.

CHAPITRE 3
INTRODUCTION À L'ÉPARGNE POUR LES ENFANTS DE 6 – 7 ANS

Démontrée par le psychologue Walter Mischel via son expérience du marshmallow,[1] l'aptitude d'un enfant à résister à la tentation dès son jeune âge est un excellent début à une vie bien structurée, notamment en matière de finance. Cela passe par une attitude exemplaire des parents, notamment pour ce qui est de faire ce qu'ils disent comme l'a démontré l'étude du psychologue américain. Mais cela peut également s'exercer ! Nous allons voir comment exercer cela avec les notions et mises en application que nous nous apprêtons à parcourir dans ce nouveau chapitre pour les enfants de 6 à 7 ans.

LES NOTIONS

De prime abord, introduire la notion d'épargne à un enfant de 6 à 7 ans peut sembler prématuré. En réalité, c'est une période idéale pour imprégner son subconscient de bons réflexes qui l'accompagneront toute sa vie. Tout peut commencer par une simple tirelire transparente que vous offririez à votre enfant après avoir pris l'habitude de lui donner 1 €/semaine d'argent de poche.

Fixez ensuite un objectif en favorisant une expérience comme s'offrir la séance de cinéma de la suite de son dessin animé préféré. Ensuite, définissez combien de temps cela prendra. Vous pourrez alors le féliciter de s'offrir son ticket en lui offrant des popcorns avec sa place une fois l'objectif atteint.

À cela, je souhaiterais rajouter une chose que ma mère nous rappelle à mes sœurs et moi-même chaque fois que nous faisons des courses pour la rentrée scolaire, que nous nous achetions des vêtements et autres biens divers. Elle nous rappelait de remercier notre père lorsqu'on le verrait pour nous avoir offert cela (un exemple personnel à adapter selon la structure de la famille).

Cependant, il manquait peut-être une nuance à ce propos. « Lorsque vous enseignez l'argent à vos enfants, il est important de leur apprendre d'où il vient. L'argent ne vient pas seulement du portefeuille de maman et papa », explique Rachel Cruze, experte en finances personnelles et co-auteur de *Smart Money Smart Kids: Raising the Next Generation to Win with Money*[2]. «Quand vous travaillez, vous êtes payé. Quand vous ne le faites pas, vous n'êtes pas payé. » Après avoir vu la mise en application du premier processus d'épargne, votre enfant est dans cette tranche d'âge à un moment où il peut commencer à comprendre d'où vient l'argent. Maintenant pour que cette compréhension voie le jour, il faut l'expliquer !

Si lors d'un film vous voyez quelqu'un travailler, épargner ou dépenser son argent, questionnez votre enfant à ce sujet. Si au cours du film, une pub interrompt ce moment, expliquez le principe d'une pub. Expliquez que c'est justement mis en place par des gens dont le travail a pour but de nous convaincre de déplacer l'argent de notre tirelire vers la leur en contrepartie d'un produit qui nous donne envie (ou non) et qu'ils nous le présentent dans ce but.

Enfin, il est également essentiel de souligner à cet âge que **tout ne coûte pas de l'argent** ! Jouer sur la plage, s'amuser au parc, aller à la bibliothèque municipale sont des activités magiques qui pour autant ne coûtent rien !

Vous l'aurez compris, c'est une tranche d'âge où l'éducation financière est aussi dense que fondamentale. Voyons donc plus en détail la mise en pratique via des activités et jeux encore plus applicables que les points précédents.

LA MISE EN PRATIQUE

L'épargne est un bien grand mot qui se fonde sur une compétence profonde à développer : l'attente. Si vous allez dans un magasin de jouets avec vos enfants, planifiez cette sortie. Expliquez à l'avance ce que vous achetez et pourquoi. Permettez-leur ensuite de se sentir entendus en leur donnant une liste de choses qu'ils ne peuvent pas avoir maintenant, mais qu'ils pourraient vouloir pour les anniversaires, Noël ou les vacances. Il s'en suit une nécessité, celle d'expliquer encore une fois, qu'il s'agisse d'un oui ou d'un non. Expliquez que nous avons de l'argent pour ce dont nous avons besoin (comme la nourriture et le chauffage) avant d'en avoir pour ce que nous désirons (friandises, jouets ou belles voitures). Puis tenez-vous-en à votre parole, dire non et s'y tenir aide les enfants à apprendre à se maîtriser, à comprendre la différence entre les besoins et les désirs, et à économiser pour ce qu'ils veulent.

L'importance de tenir sa parole est un point essentiel dans la construction de l'enfant. Un point d'ailleurs rappelé dans les travaux de Walter Mischel lors de l'étude sur l'éducation qu'avaient reçue les enfants qui s'étaient soumis à la tentation du marshmallow.

LES JEUX

Une activité plus sympathique qui peut être marquante pour un enfant lors de l'introduction de la notion d'épargne est de lui faire visiter votre tirelire. Amenez votre enfant à la banque. Expliquez-lui que c'est dans ce lieu que votre argent est, car il doit être tenu en lieu sûr.

En effet, l'argent n'est pas infini et il faut savoir en prendre soin et le faire fructifier pour s'assurer de couvrir ses besoins puis dans un second temps ses désirs. Il existe d'ailleurs un jeu simple pour transmettre cette notion de finitude de l'argent à votre enfant sur cette tranche d'âge.

a) Le budget goûter.

Lors d'un goûter avec ses amis, laissez à votre enfant la possibilité d'acheter ce qu'il veut avec une enveloppe qui est fixe. Un article mis dans le panier n'est pas mis de façon définitive : laissez-le se tromper puis orientez-le avec vos questions dans un second temps pour qu'il le corrige par lui-même. Soulignez également la notion du rapport qualité prix si lors de sa sélection, la situation s'y prête. Cela l'obligera à compter, à devoir faire des choix dépendant de plusieurs variables, bref, c'est un excellent exercice. N'hésitez pas à lui demander à plusieurs reprises s'il pense qu'il a assez de choses pour le nombre de personnes présentes.

b) Le Monopoly

Enfin, s'il y a un jeu face auquel je ne peux pas passer à côté en écrivant ce livre et qui peut être introduit dès cet âge, c'est **le Monopoly**. Je pourrais citer des centaines de raisons pour lesquelles je trouve ce jeu aussi diversifiant qu'éducatif. Gestion, décision, calcul, négociation, adversité, diversification, patience, concentration, ce jeu est un incontournable à avoir dans chaque foyer. Je tiens à souligner l'importance de savoir négocier pour limiter nos dépenses et augmenter nos revenus !

Les plus amoureux de ce jeu affirment même que ce jeu fournit à lui seul un plan d'investissement en 3 étapes.

1. Acheter des bouts de terre stratégique, là où les maisons sont les plus rentables.
2. Construire des maisons.
3. Une fois des maisons construites, lorsque le moment est opportun, transformer vos lotissements en quelque chose d'encore plus rentable tels que des hôtels.

Bien qu'il faille selon moi « avoir de la bouteille » avant de percevoir cette leçon d'investissement, je reconnais qu'elle se tient et comme le dit l'investisseur milliardaire Peter Thiel « Mieux vaut un mauvais plan que pas de plan du tout ».

Faisant fi du caractère éducatif, le Monopoly favorise les liens familiaux, comble les fossés générationnels, fournit une alternative à des temps morts et éloignera petits et grands du monde des écrans !

L'attente et l'épargne sont des notions intrinsèquement liées. Encourageons les situations permettant de développer ces qualités. Dans ce processus, favorisons les situations d'échanges pour questionner, expliquer et débattre sur ces concepts.

CHAPITRE 4
ÉPARGNER ET APPRENDRE À DÉPENSER POUR LES ENFANTS DE 8 À 10 ANS

Entre 8 et 10 ans, il s'agit de la phase de consolidation de notions apprises précédemment telles que l'épargne ou encore apprendre à dépenser. Souvent rappelé dans les parties précédentes et dans de nombreux ouvrages d'éducation, il est essentiel de questionner l'enfant sur les notions acquises. C'est d'ailleurs à cette période qu'il va être essentiel de questionner l'enfant sur les notions acquises précédemment. Bref, vous avez les grandes lignes, maintenant, approfondissons !

LES NOTIONS

Commençons par revenir sur la notion d'épargne introduite précédemment. L'idée de cette phase est d'apporter de la structure. L'apprentissage de la structuration d'un processus d'épargne peut voir le jour grâce à différentes tirelires ! Très concrètement, avec l'enfant, séparer la tirelire en trois tirelires différentes pouvant prendre les noms suivants :

- Dépenser
- Économiser
- Donner

Il peut sembler étonnant d'inclure de la sorte la notion de don dans l'éducation. Or pour citer Lara Aknin, professeure adjointe de psychologie à l'Université Simon Fraser au Canada qui a dirigé l'étude qui suggère que donner rend les tout-petits plus heureux que recevoir : « Je pense qu'aider nos enfants à ressentir le bonheur qui découle du fait de donner aux autres est probablement l'un des moyens les plus précieux de nourrir la générosité en eux [...] Cela déclenche ce cycle positif : donner rend les gens heureux et le bonheur favorise le don. »

Partage, gratitude, empathie... le don a de nombreuses vertus qui méritent donc d'avoir une tirelire à son nom.

Une nouvelle notion essentielle à aborder au 21e siècle est **l'argent virtuel**. Votre enfant doit comprendre la tirelire virtuelle que représente un compte courant. Le fait que si vous payez par carte ou chèque le montant diminue et qu'il ne faut jamais être dans le négatif ! Rappeler également que ce compte se remplit parce que vous travaillez.

Approfondissons cette **différence entre besoin et désir**. Déjà difficile à distinguer pour les adultes, la frontière entre les besoins et les désirs est bien souvent floue pour les enfants. Une glace est de la nourriture, mais n'est pas pour autant un besoin à l'instar de légumes…

Un exercice intéressant peut être d'autoriser un certain nombre de « désirs » ou un budget « désir » par an (du type achat de jouet), de les noter sur une feuille, puis une fois les crédits épuisés, dire non. Vous pourrez ensuite reprendre la liste des achats qui ont été faits et demander à l'enfant si, à son avis, il en avait besoin ou envie. Les dépenses impulsives deviendront alors des leçons. Car c'est à cause de ce choix-là qu'il n'a pas ce qu'il souhaite aujourd'hui. Une nouvelle étude de l'Université Queen's d'Irlande[1] a examiné le rôle du regret dans la prise de décision des enfants et a découvert que les enfants prennent de meilleures décisions après avoir éprouvé des regrets. Pour la citer :

« Nous ne disons pas que les enseignants et les parents devraient délibérément exposer les enfants à de sérieux regrets. Mais leur montrer comment les choses se seraient passées différemment s'ils avaient fait un choix alternatif pourrait leur être bénéfique », a déclaré le Dr Aidan Feeney, responsable de l'étude « il pourrait avoir une valeur importante pour le développement des enfants en raison de son rôle dans la prise de décision. »

Bien que contre-intuitif ainsi que difficile du point de vue de notre propre empathie, la confrontation au regret est donc constructrice et peut être utilisée dans la sensibilisation à la dépense.

LA MISE EN PRATIQUE

Une première application pouvant illustrer les concepts de désir et de besoin est d'expliquer lors du paiement d'une facture essentielle ce qui la compose. Des factures de téléphone ou d'électricité sont de bons exemples. Expliquez également combien d'heures vous avez dû travailler pour payer cette facture, le besoin qu'elle comble. Il est également intéressant d'expliquer la raison d'un tel prix, en évoquant le coût de production de l'électricité par exemple. Cela leur permettra de commencer à faire des liens entre le travail et la valeur financière des choses. De plus, leur parler sérieusement de cela les fera gagner en assurance ainsi qu'en maturité.

Bien que l'on reste encore loin du jeu que l'on verra ensuite, des exercices autour du ticket de caisse peuvent être un bon moyen d'animer les retours de vos trajets après les courses hebdomadaires. Par exemple, vous pouvez demander à votre enfant de relire le ticket de caisse pour trouver les trois produits les plus chers et les trois produits les moins chers. Une fois déterminés, vous pouvez entamer le débat suivant :

Aurait-on pu dépenser moins et à quel prix ? Que sacrifie-t-on en priorisant le prix sur la qualité et comment trouver le juste équilibre ?

C'est un excellent moyen de sensibiliser votre enfant à des notions telles que l'écologie, la balance entre prix et durée de vie de certains produits. Par exemple, si vous avez acheté de l'agneau bio du coin 17,89 €/kg plutôt qu'un gigot d'agneau à 8,99 €/kg dans un supermarché discount, il y a une raison sûrement tout à fait légitime qui mérite d'être, elle aussi, expliquée à votre enfant. Ces échanges autour de l'argent vont alors devenir des supports de discussion concernant d'autres sujets variés.

Si je vous encourage autant à débattre en plus d'apporter ces concepts essentiels en matière d'éducation financière, c'est également parce que je suis convaincu de l'importance du débat dans la construction identitaire de l'enfant. Ma mère est psychologue, nous débattions beaucoup mes sœurs et moi lors des repas, des trajets retours, et même si les conclusions n'étaient pas toujours brillantes, elles avaient un résultat. Nous nous sentions écoutés, respectés, notre parole comptait.

En bref, débattons sérieusement avec nos enfants pour favoriser le développement de leurs qualités communicationnelles, de leur confiance en eux, ainsi que leur esprit critique.

LES JEUX

Comme le disait Mahatma Gandhi « les rudiments de la connaissance sont assimilés au fil des jeux. » Et il est véridique que c'est une pièce maîtresse dans la construction du savoir.

Cruciale pour cette tranche d'âge que nous étudions actuellement, il fallait que je trouve un jeu pour expérimenter agréablement **la notion de conflit entre le besoin et le désir**. Après avoir parcouru de nombreuses ressources, voici le jeu parfait pour illustrer ce concept.

1. L'île déserte

Cher ami, je vous présente le jeu de l'île déserte. L'idée est la suivante : l'enfant devra lister tout ce dont vous pourriez avoir besoin s'il devait vivre sur une île déserte. Une fois la liste dressée, il faut éliminer les éléments un à un jusqu'à ce qu'il n'en reste plus que 7.

Pour pimenter la chose, vous pouvez faire ce jeu à plusieurs puis vous voterez pour la liste écrite par celui qui aura le plus de chances de survivre ! Toujours en lien avec les notions de désir et de besoin, cet exercice permettra à l'enfant de se poser les bonnes questions et de réfléchir ensuite en comparant ses idées à celles d'une autre personne.

2. Course au trésor

Voici un autre jeu, intéressant pour approfondir le concept de besoin et de désir en se penchant sur la notion de rapport qualité-prix. Après avoir listé quelques produits pour lesquels vous ne souhaitez pas mettre le prix, car la qualité n'importe peu (comme du papier aluminium, par exemple) faire une course au trésor. Cette course au trésor vise à dénicher le prix le moins cher pour le produit en question avec l'enfant qui vous accompagne. Pour un produit alimentaire, cela peut s'accompagner d'une contrainte supplémentaire comme les pâtes bio les moins chères. Rassurez-vous, cet exercice n'a pas pour but de développer l'avarice chez l'enfant, mais de tout simplement le sensibiliser au coût des choses. De plus, c'est un excellent moyen de sensibiliser l'enfant par le jeu avec le chiffre qu'il retrouvera en cours de mathématiques.

3. La Bonne Paye

Enfin, comment énoncer le sujet des dépenses sans parler du célèbre jeu édité par Parker : la Bonne Paye. Tout en se reposant sur la case du dimanche, il retrace avec justesse les évènements financiers mensuels. Travailler, payer ses factures, investir, tout y est. Il n'y a plus qu'à lancer la partie et surtout en profiter pour débattre en famille. Il faut reconnaître que les occasions de parler de nos factures ne sont pas si fréquentes, sachez donc saisir celles-ci. Cela sera fort d'apprentissage pour les enfants qui profiteront de vos commentaires. Ce jeu permet réellement de se rendre compte de tous les impératifs financiers que les adultes ont tous les mois.

Dépenser s'apprend, stimulons les situations qui nous permettront de souligner la différence entre désir et besoin. Laissons les enfants faire de petits choix financiers qui peuvent induire un regret fort d'apprentissage. Enfin, sensibilisons-les au fait de donner parce que c'est essentiel.

CHAPITRE 5
LA RESPONSABILITÉ POUR LES ENFANTS DE 11 À 13 ANS

La tranche d'âge des 11 à 13 ans est celle au cours de laquelle les enfants entrent au collège, ils vivent de nouvelles expériences parfois positives, parfois négatives. Au sujet de l'argent, après avoir parcouru et transmis les principes fondamentaux ci-dessus un concept manque : celui de la **responsabilisation**. Un concept d'autant plus important à enseigner, car cet âge marque le moment où les premiers achats interviennent. De plus, si votre enfant s'imprègne d'une responsabilité exemplaire au sujet de l'argent, il sera d'autant plus simple de le rendre responsable sur d'autres sujets.

LES NOTIONS

La responsabilité va être au centre de ce que l'on va transmettre en matière de connaissance financière dans la tranche d'âge des 11-13 ans. Sa mise en place s'accompagne d'objectifs et d'un suivi de ces derniers que nous allons voir ensemble. Tout d'abord, votre enfant doit idéalement avoir à cet âge de petites sommes mensuelles à manipuler (le montant dépendra de votre situation ou encore de votre lieu de résidence). D'autres préfèreront Noël, les anniversaires ou autres pour garnir légèrement les portefeuilles de leurs enfants. Ces petites sommes peuvent également être le résultat de petites tâches réalisées bien que cela sera vu plus en détail lors de la prochaine tranche d'âge.

Une fois la source de cette petite somme définie vient la question du poste de dépense pour lequel la tirelire sera cassée. Un nouveau sujet de discussion passionnant s'amorce donc à ce moment-là !

Mc Donald's avec des amis, téléphone portable, tablette, les envies de dépenses ne manqueront pas et il faudra hiérarchiser.

Parlons du téléphone, par exemple. La responsabilisation passant avant tout par la prise de conscience, questionner l'enfant sur les implications de cet investissement :

1. Combien coûtent les téléphones ?
2. Qu'est-ce qu'un contrat et comment fonctionne-t-il ?

3. Comment les contrats se comparent-ils ?
4. Combien cela coûte concrètement chaque mois ?
5. Que se passe-t-il s'ils épuisent tout leur crédit internet ?
6. Que se passe-t-il s'ils perdent le téléphone ?

Le but n'étant pas de priver son enfant de quelque chose, mais bel et bien de le faire réfléchir sur ses acquisitions.

Des souhaits aux dépenses, encouragez-les à en garder des traces. À l'occasion, avec leur accord, jetez-y un œil ensemble.

Des échanges fructueux peuvent également naître lors du choix du téléphone. En effet, entre un iPhone et un Nokia et dix sorties Mc Donald's avec ses amis, que faut-il choisir ? À quel besoin répond réellement le smartphone ? Ce besoin n'est-il pas comblé avec un portable de premier prix ?

Encore une fois, ce sont vos questions qui le feront avancer. Dans cette idée, privilégiez d'ailleurs les questions ouvertes aux questions affirmatives, voire directes. Cela l'aidera à développer ses aptitudes à communiquer. De plus, en prenant exemple sur vous, l'enfant apprendra à faire preuve d'intelligence émotionnelle en développant son empathie pour faire croître son aptitude à poser, comme vous, les bonnes questions. La sous partie qui suit vous donnera notamment des outils applicables facilement pour apprendre aux enfants à hiérarchiser leurs souhaits.

MISE EN APPLICATION

Pour les enfants comme pour les adultes, il est bien facile de clamer haut et fort qu'il faut épargner. En revanche, il n'est pas facile de mettre en pratique l'habitude d'épargner. La principale raison à cela est que cette habitude d'épargne est justement bien trop souvent exempte de raison.

Ainsi, au croisement de la hiérarchisation des désirs et de la mise en place d'un processus d'épargne qui a du sens, je vous présente la « liste des volontés suprêmes ».

La liste des volontés suprêmes est une liste sur laquelle votre enfant pourra venir inscrire un objet dont il souhaite viscéralement faire l'acquisition. L'inscription de ce souhait devra être datée. Cette date nous permettra de reprendre cette liste avec l'enfant à la fin de l'année par exemple ou lorsqu'un nouveau souhait survient. Cette liste doit permettre de se confronter au regret. Elle doit apprendre à l'enfant à différencier ce qu'il veut par mode (exemple : jeu à le mode) et ce qu'il veut vraiment (exemple : vélo). Ceci doit servir de référence pour intuitivement différencier nos besoins de nos désirs, bien que cela ne veuille pas dire qu'il ne faut jamais acquérir des choses désirées.

LES JEUX

Voyons maintenant deux jeux. Le premier permettra à l'enfant d'entreprendre un projet lors duquel il gagnera de l'argent et surtout lors duquel il prendra ses responsabilités. Puis le second jeu permettra à l'enfant de se confronter à un choix.

1. L'eco-cuisto

L'idée de l'éco-cuisto est tout bonnement géniale. Elle m'a été soumise par Cyril, jeune homme de 13 ans qui fut un des nombreux à participer à la relecture de ce livre avant sa publication.

Le principe est simple : encouragez l'enfant ou un groupe d'enfants à aller faire des courses pour cuisiner un mets qu'ils vendront en porte à porte par la suite.

Lors de l'éco-cuisto, vos jeunes devront bien prendre note du **coût de la matière première** (farine, œufs, sucre...), du **temps passé** et du montant **total que l'opération** leur aura rapporté.

Ils pourront grâce à cela calculer le **coût de revient** de leur après-midi cuisine.

Gaufres, crêpes, pancakes, muffins... toutes les idées sont bonnes à prendre tant qu'ils s'amusent à les produire !

Pour ce qui est du porte à porte, c'est un exercice difficile, mais je suis persuadé que vos voisins seront bienveillants. Offrir à des enfants la possibilité de se confronter à ce genre de situation, c'est leur rentre un service immense. Nous avons tous autour de nous des amis ou des membres de notre famille qui passent à côté d'opportunités, d'augmentations, d'examens ou même de personnes, par peur de se confronter à un refus. Cette expérience peut très tôt aider vos enfants à mieux communiquer, oser, entreprendre. Mais également, c'est un exercice qui décomplexera vos jeunes vis-à-vis de l'argent parce qu'ils en demanderont en échange de ce qu'ils auront produit.

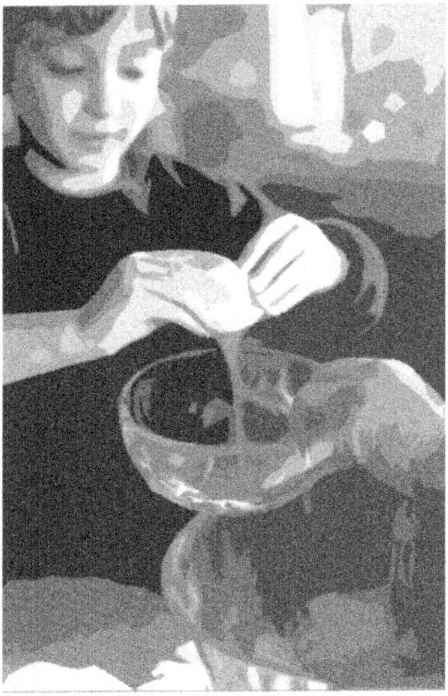

2. Le WEC

Après avoir pris ses responsabilités avec l'éco-cuisto, place à un week-end pas comme les autres !

Voici le WEC ou « **week-end choice** ». L'idée va être de débuter par une boite à idées dans laquelle vous allez lister avec votre enfant tout ce que vous pourriez faire :

- Karting
- Plage
- Cinéma

- Glace
- Barbecue
- Paintball
- Musée
- Restaurants
- etc.

Notez tout ce qui vous passe par la tête, quel que soit le coût. Ensuite, inscrivez le temps et l'argent consommé par chaque activité. Puis, fixez le temps disponible et votre budget. Enfin, laissez-le prioriser ce qu'il veut.

Il n'est pas facile de constater la frustration d'un enfant, de constater sa difficulté à faire un choix. Cependant, c'est un axe essentiel que les neurosciences soutiennent. Bruno Hourst, auteur de *J'aide mon enfant à mieux apprendre*[1], décrit ce qui se passe dans le cerveau ainsi que les impacts sur le développement et l'épanouissement de l'enfant. Il affirme : « Le cerveau fonctionne différemment lorsqu'il a le choix : même sur le plan biologique, la chimie du cerveau varie. »

Lorsqu'un enfant choisit une tâche et ce qu'il lui faut pour y arriver, il se sent impliqué, il a une vision plus positive de l'apprentissage et de son but. Il y a alors libération de deux endorphines importantes (la dopamine et la sérotonine), qui sont liées à un état de confiance et à un bas niveau de stress.

Au contraire, lorsqu'un enfant manque de choix, il éprouve un sentiment d'enfermement : le cerveau produit alors un neurotransmetteur (la norépinéphrine) qui a un fort effet inhibiteur. Dans cet état du cerveau, le moral est bas, l'efficacité dans l'apprentissage est faible et la motivation chute.

Encourageons les situations de choix. Remplaçons les questions directes par de réelles interrogations. Ne nous plaçons pas comme des décisionnaires, mais comme des encadrants qui, dans un cadre bien défini, laissent l'enfant libre de ses choix.

CHAPITRE 6

COMPRENDRE LES ENJEUX DU BUDGET ET DE L'ÉPARGNE POUR LES ADOLESCENTS, DE 14 À 15 ANS

La tranche d'âge de 14-15 ans est intéressante, car notre jeune passe du statut d'enfant à celui d'adolescent confirmé. Fiers de gagner en maturité, nous en profiterons pour introduire les principes de **l'emprunt**, des **intérêts associés** ou encore les grandes lignes du **budget familial**. Ce sera également le moment de boucler certaines boucles telles que celles associées au budget qui doivent être acquises afin de passer le cap de la carte bancaire par exemple.

LES NOTIONS

Parler de budget familial est sain. Cela permet de penser en tant que collectif et non en tant qu'individu. De plus, si un projet coûteux survient comme une voiture, un échange à l'étranger ou autre, nous ne pouvons pas nier son impact sur l'enveloppe familiale.

Ainsi, pour des souhaits individuels et surtout matériels que pourrait avoir votre adolescent, vous pouvez agir en tant que créancier. Par exemple, si hors anniversaire ou Noël, l'adolescent souhaite absolument avoir des Airpods à 170 € et que vous lui donnez 25 €/mois, vous pouvez lui faire une proposition de ce type :

- **Choix 1** : Avoir directement les 170 euros pour financer les Airpods, mais, en contrepartie, ne plus avoir d'argent de poche pendant 7 mois. Cela amènerait 5 euros d'intérêts pour le budget familial.
- **Choix 2** : Avoir directement les 170 euros pour financer les Airpods, mais, en contrepartie, se contenter de 10 euros et non 25 euros par mois d'argent de poche pendant 12 mois. Cela amènerait 10 euros d'intérêts au budget familial.

Faire payer de la sorte un intérêt peut sembler exagéré, mais si ce n'est fait qu'occasionnellement ou même une seule fois pour un bien matériel, alors cela peut être intéressant. En effet, souligner qu'acheter des biens trop cher pour notre budget n'est pas sain et coûte de l'argent dans la vie réelle est important. De plus, cela fera également office d'alerte lorsqu'il verra certains de ses amis emprunter de l'argent à 18 ans pour leur première voiture sans faire réellement attention aux conséquences. Un emprunt coûte de l'argent et il vaut mieux être le créancier que l'emprunteur lorsque l'argent que l'on emprunte n'engendre pas d'excédents de trésorerie. Le jeune pourra alors prendre conscience du risque et du coût d'un prêt et s'interroger sur l'intérêt de tel ou tel prêt. Avec le recul, je vous invite à vous poser cette question :

À mes 18 ans, est-ce que je préfèrerais me payer comptant une petite voiture avec 150'000km qui fonctionne très bien ou alors réaliser un crédit de 10'000 euros pour m'acheter une belle voiture neuve ?

Bien entendu, l'exemple précédent se focalise sur l'obtention d'un bien matériel à usage personnel. Une expérience telle qu'une colonie de vacances à l'étranger ou autre pourra tout à fait s'inclure dans le budget familial sans impacter les économies de notre adolescent. Cependant, faire preuve de transparence financière sera à cet âge constructeur. Beaucoup de gens n'osent pas ouvrir leur compte en banque ou se mentent à eux-mêmes vis-à-vis de leur capacité financière. En faisant cet effort de transparence financière, vous ne transmettez ni plus ni moins que de bons réflexes à l'enfant qui en profitera.

L'écueil à éviter cependant est celui de la culpabilisation. À de très rares exceptions près, nous avons tous déjà connu au moins une fin de mois difficile. Cela peut être stressant. En revanche, ce stress-là doit être contenu. Plus vous vous retenez de transmettre un quelconque attachement émotionnel vis-à-vis de l'argent aux enfants, plus leur relation émotionnelle avec l'argent sera saine. Ainsi, si la bourse n'est pas assez pleine pour financer la colonie de ses rêves, penchez-vous sereinement sur des solutions pour vous aider à ce sujet : grands-parents, parrains, marraines, oncles et tantes…

Certes, parfois, cela ne suffit pas, mais premièrement cela ne coûte rien de demander et deuxièmement, si ce n'est pas possible, il n'y aura pas de regrets à avoir. Ce ne sera juste économiquement pas possible. **Ne transmettez pas de regrets vis-à-vis de l'argent, ne transmettez pas d'émotions vis-à-vis de l'argent, c'est peut-être une des leçons les plus importantes de ce livre.**

Un dernier point important au sujet de ce détachement émotionnel est son lien essentiel avec la budgétisation. Dans les bocaux qui composent alors le budget de l'adolescent, il y en a un associé à l'épargne. À quoi sert l'épargne ? Que transmettre à ce sujet ?

Il y a selon moi deux types d'épargne : les 2 P

- Le premier « P » concerne l'épargne de **projet**

C'est avec cette tirelire que l'on financera des projets de voyage, de voiture ou autres.

- Le second « P » concerne l'épargne de **précaution**

C'est l'épargne qui vous permet de vous détacher émotionnellement de l'argent. Cette tirelire-là est fondamentalement différente de la première.

La dernière fois que j'ai « brisé le verre » de mon épargne de précaution, c'était en 2019. Je venais de passer 6 mois en Nouvelle-Zélande avec ma compagne et nous nous apprêtions à prendre notre avion du retour. Il nous fallait tout d'abord prendre un avion de Tauranga à Auckland, puis d'Auckland à Pékin pour enfin faire Pékin-Paris. Notre trajet Auckland Paris était prévu depuis des lustres. Or, celui interne au pays avait fait l'objet d'un achat un mois avant. Arrivés à l'aéroport, nos billets ne passaient pas parce que nous nous étions trompés d'un mois dans la date du vol (ne me demandez pas pourquoi, moi-même je me le demande encore). Mais les faits étaient là et l'avion nous amenant à Auckland allait décoller dans moins d'une heure et nous avions peu de temps pour prendre notre correspondance et rentrer à Paris.

Ma compagne s'empressa alors de commander un nouvel avion, mais les billets à une heure près étaient trop chers, sa carte ne passait pas. Déjà précautionneux au sujet de ces problématiques comme vous vous en doutez, j'ai vidé le coffre-fort de ma banque en ligne composée de 1500 € représentant à ce moment-là mon épargne de précaution. Nous avons réglé les billets et sommes rentrés à Paris sans encombre.

Une épargne de précaution, c'est ce qui vous permet de dormir sereinement quand d'autres dans les mêmes situations feraient des insomnies. Transmettre la notion d'épargne de précaution à un enfant, c'est lui assurer une anxiété réduite au sujet de l'argent pour le reste de sa vie.

MISE EN APPLICATION

Avant de vous soumettre une idée d'activité juste à cet âge, je souhaiterais souligner un point. Dès le plus jeune âge et peut-être encore plus à l'adolescence, les personnalités des enfants se distinguent puis s'affirment. Il est donc judicieux de s'adapter à cela pour l'orienter avec justesse au cours de son éducation financière (comme dans le reste). Réfléchissez donc aux stratégies qui fonctionnent le mieux selon le profil de l'enfant. Les joueurs adoreront l'approche de l'application, tandis que les compétiteurs seront plus susceptibles de relever des défis.

Dans cette idée d'application/défi, le jeune adolescent pourra aller réaliser des petites tâches chez des tiers de confiance moyennant une faible rémunération. Ces « petits boulots » sont formateurs. Ils permettent de l'éclairer dans la recherche de sa voie souvent floue à cet âge ou encore de trouver du sens à rester à l'école. En revanche, ces petits boulots doivent selon moi se faire hors du cadre familial restreint, car **l'argent ne peut pas faire office de récompense ou de punition au sein de la famille**. C'est un point essentiel, lorsque l'argent prend le rôle de la récompense ou de la punition, c'est là que de plus grands défauts d'éducation financière prennent leur source.

Trouvez donc des tiers de confiance pour proposer ces « petits boulots » induisant cette première rémunération souhaitée.

Je me souviens encore de mes étés à faire de la maçonnerie pour des amis chefs d'entreprise de mon père. J'ai toujours aimé bricoler. Pas fondamentalement passionné par ce qui m'était transmis scolairement, j'ai plus d'une fois songé à intégrer une filière professionnelle dans laquelle je me serais sûrement plus épanoui. Mais l'effort lors de ces étés à faire de la maçonnerie était tout de même très soutenu. Les journées à couler des dalles de béton en plein soleil étaient longues. Le dos courbatturé, mes mains usées et mon mental parfois froissé lors de ces étés m'ont donc motivé pour continuer les études. C'est à partir de ce moment-là, grâce à ces petits boulots, que j'ai commencé à trouver du sens au fait de travailler scolairement.

Tous les petits boulots n'ont pas à être aussi fort de réalité vis-à-vis du monde du travail. Ma compagne gagnait par exemple de l'argent, adolescente, en gardant le chien de sa voisine. À défaut d'être proche de quelque chose qui l'attirait professionnellement, elle comprit un bon nombre de notions au sujet de l'argent grâce à cette expérience. En effet, on dépense très différemment ce que l'on a gagné suite à des heures de travail qu'une somme « tombée du ciel ».

Voici donc une liste non exhaustive de petites tâches qu'un adolescent pourra réaliser chez un tiers de confiance :

1. Faire des tâches ménagères
2. Tondre la pelouse pour vous, vos amis, votre famille ou vos voisins
3. Garder des animaux de compagnie ou promener les animaux de compagnie des voisins
4. Nettoyer les voitures
5. Une ronde de papier
6. Baby-sitting

Pour les travaux manuels induisant un risque d'accident, je recommande bien entendu d'attendre 16 ans afin qu'un contrat de travail accompagné d'une assurance puisse être édité. D'autant plus que cela peut porter préjudice au tiers de la confiance du client sur la tâche en question.

À présent que la tirelire se remplit vient la question de la dépense. Après avoir bien théorisé les dépenses en amont, place à la mise en application dans laquelle il est important de laisser du mou. Nelson Mandela, dans toute sa sagesse, nous le rappelle « Soit je gagne, soit j'apprends ». Laissez le jeune adolescent faire des erreurs avec son argent. Laissez-le pratiquer. Les cartes bleues de débit sont pour cela d'excellents outils ! Attention tout de même à veiller à ce que le découvert ne soit pas autorisé.

LES JEUX

Trouver un jeu cohérent pour cette tranche d'âge tout en alliant les notions vues précédemment ne fut pas chose aisée. Du moins jusqu'à ce que je me souvienne d'un concept d'éducation financière fondamental : celui de ne jamais acheter la nouvelle version d'un produit avant d'avoir mis en vente la précédente. Je m'explique, il est important de revendre ce dont on ne se sert plus pour financer (ou compenser) le prix et l'espace que prend le nouveau produit.

C'est intuitivement ce que nous faisons avec les voitures ! Alors, pourquoi ne pas le faire avec le reste : téléphone, jouet, habit, console. C'est un acte aussi écologique que fort d'apprentissage en matière de vente ainsi que pourvoyeur de valeur qui nous permet de nous détacher émotionnellement des biens matériels, etc.

Le jeu que je vous soumets est donc celui du ***ménage rentable***. L'idée va être d'encourager (et potentiellement de donner un coup de main) votre enfant à mettre en vente ce dont il ne se sert plus pour financer les nouvelles choses qu'il souhaite. Attention, ne le faites pas à leur place, tout l'intérêt est qu'ils le fassent eux-mêmes quitte à ce que vous leur donniez un coup de main ou mieux encore : qu'ils suivent votre exemple.

De nos jours, on ne compte plus les plateformes pour la revente de produits d'occasion : Vinted, eBay, le bon coin, Facebook marketplace... Tous ces lieux peuvent permettre à l'adolescent de se débarrasser de tout ce dont il ne se sert plus afin de financer ou d'économiser la somme résiduelle pour les projets à venir.

Cet exercice peut également être l'occasion de vous débarrasser de vos vieux livres. Les livres peuvent être revendus 15 centimes à 1 euro sur Momox, voire plus sur Gibert. Cela peut paraître peu, mais 3 cartons de livres peuvent rapporter entre 50 et 100€, ce qui est une somme non négligeable pour un adolescent.

C'est réellement un exercice que j'encourage n'importe quel jeune à faire, accompagné de ses parents. Faisant fi de l'exemple des livres, cet exercice apprend à rédiger un message de vente ou une fiche de produit. Puis, d'une manière générale, cela nous mène à ne pas accumuler trop de biens et à se détacher émotionnellement d'objets au profit de nouvelles choses.

Oubliez les brocantes ou les sacs poubelles remplis d'affaires que vos enfants n'utilisent plus. Ce tri, ils le feront eux-mêmes tout en tirant des leçons qui leur serviront pour le reste de leur vie.

Nous serons quasiment tous amenés un jour à revendre notre première voiture par exemple et peut-être même notre première maison. S'entraîner sur le plus petit objet permettra de couler une dalle de fondamentaux solides : peut-être encore plus d'un point de vue émotionnel qu'au niveau du processus, d'ailleurs.

Parlons ouvertement de budget familial ainsi que d'épargne en famille. Transmettons le détachement émotionnel qu'on se doit d'avoir au sujet de l'argent. Encourageons les adolescents à gagner leurs premiers sous par eux-mêmes.

CHAPITRE 7
LA MISE EN PRATIQUE DANS LE MONDE RÉEL ET PATRIMOINE, DE 16 À 18 ANS

Cette dernière tranche d'âge est souvent négligée dans les ouvrages d'éducation financière. Or, comme nous allons le voir, c'est une phase déterminante dans la construction d'une sécurité financière pour le reste de la vie d'un adolescent.

LES NOTIONS

L'idée de cette dernière phase va être de mettre en pratique tout ce que l'on a pu voir précédemment dans la vie réelle. Cela va être le moment de parler des impôts, de mettre concrètement en place une épargne de précaution et plus important encore, d'apprendre à dresser ses états financiers personnels !

Par exemple, à la suite de son premier emploi d'été « officiel » (ce que j'encourage tout jeune à faire) l'adolescent recevra sa première fiche de paie.

Décortiquez-la avec lui afin qu'il en comprenne les tenants et aboutissants.

Expliquez-lui les lignes associées aux impôts en précisant ce que cela permet de financer. Le fait que si l'on donne déjà une partie de son argent, cela permet de les réduire. « Si vous comprenez ce que sont les impôts, sur quoi vous allez devoir payer des impôts, sur quoi vous avez droit aux déductions, vous êtes plus susceptible de vous préparer tout au long de l'année pour cela », explique Becky Ward, spécialiste de l'expérience éducative chez Tutor Doctor dans un article sur www.parents.com[1].

Enfin, à l'adolescence comme à l'âge adulte, notre argent peut partir de notre poche aussi vite qu'il est arrivé si l'on ne s'arme pas des bons réflexes. Nous avons, au cours des 6 étapes précédentes, transmis des notions de gestion, de raisonnement et d'épargne. À présent vient la mise en application de ces principes suite à la réception de la première fiche de paie.

Demandez donc à votre adolescent ce qu'il compte faire à ce sujet. S'il a déjà établi un plan, c'est magnifique, vos efforts d'éducation ont parfaitement porté leurs fruits. Cependant, il peut rester quelques mètres à franchir pour atteindre notre ligne d'arrivée.

Donc, si l'adolescent se retrouve en difficulté vis-à-vis du fait d'épargner une petite partie de son premier salaire, les conseils que fournit l'œuvre *L'homme le plus riche de Babylone*[2] de George Samuel Clason peuvent vous être utiles. Paru en 1926, ce livre propose des conseils financiers à travers un recueil de paraboles datant de 4000 ans. Un de ces conseils est d'épargner 10 % de ses récoltes/revenus. Cette épargne peut tout d'abord servir à se constituer un matelas en cas de coup dur. Puis, elle doit être investie dans des actifs afin de mettre en place avant ses 20 ans un système où une partie de notre épargne travaille pour nous.

Appliquée à la vie réelle, cette notion d'actif peut sembler perfectible. Permettez-moi de faire un rappel rapide sur des notions financières à connaître et à partager au plus grand nombre.

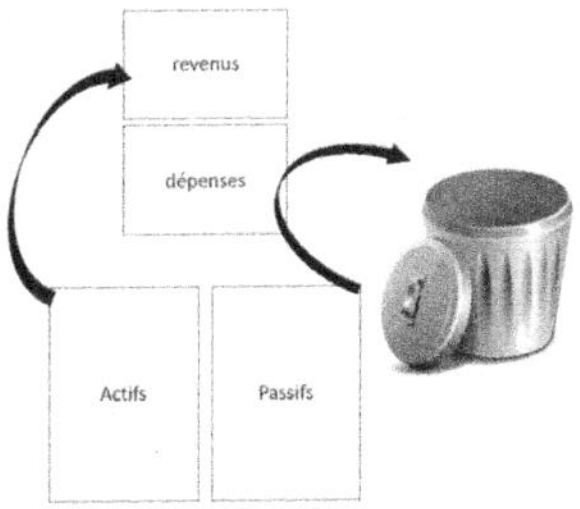

Un **actif** est un bien qui vous rentre de l'argent en automatique dans votre poche quand un **passif** est un bien qui vous retire cet argent de votre poche.

Bien que parfois nécessaire, une voiture est un passif, car elle vous coûte de l'argent. À ceux qui vous répondront que leur voiture prend de la valeur ou qu'elle ne leur coûte rien, rappelez-leur qu'on ne vend pas la peau de l'ours avant de l'avoir tué et qu'ils paient une assurance ainsi que des frais d'entretien. Ce à quoi peut s'ajouter le prix d'un parking, les péages et l'essence par exemple.

À l'inverse, une action qui vous verse des dividendes est un actif, au même titre qu'un bien immobilier à condition qu'il vous rapporte plus que ce qu'il ne vous coûte mensuellement (si vous avez par exemple emprunté pour l'acheter).

Pour approfondir ce point, je vous encourage à vous rendre sur ma chaîne YouTube ***Parlons Long Terme***. Si ce livre est une introduction à l'éducation financière, la compréhension des états financiers en est le fondement. C'est le langage de ceux qui investissent, de ceux qui entreprennent, de ceux qui font la finance moderne. Le parler fera de vous et de vos enfants des personnes lettrées financièrement. Donc, ne tardez plus !

Ces fondations étant établies, il est selon moi essentiel de se familiariser avant sa majorité au fait de dresser ses états financiers personnels afin de démarrer sa vie sur des bases saines.

Cela se passe en 4 étapes :

1. Lister vos revenus
2. Lister vos dépenses
3. Lister vos actifs
4. Lister vos passifs

Pour un même salaire, certains feront le choix de la dernière voiture à la mode les obligeant à contracter un prêt puis à subir les frais fiscaux et d'entretiens associés. D'autres conserveront leur véhicule à premier prix pour contracter également un emprunt qui lui financera un bien immobilier induisant un excédent de trésorerie.

De plus, même avec un salaire modeste, notre jeune prodige pourrait faire le choix d'épargner 10 % de ses revenus pour les placer en bourse. D'aucuns diront qu'avec 1000 € par mois net, il ne pourra investir que 100 € et que de fait, il n'ira pas bien loin. Ce à quoi je vous réponds, pour finir cette section, qu'il n'y a pas de petits actifs. Nous sommes ce que nous faisons par habitude et celui qui, même avec un salaire modeste, prendra de bonnes habitudes au début de sa vie active, finira bien plus loin que celui qui a renoncé à cet effort. À l'instar d'un marathonien ayant fait le choix d'un départ lent pour s'assurer de pouvoir conserver son allure tout au long de sa course. En effet, 100 €/mois investis à 10 % par an (le marché boursier ayant une moyenne historique de 9,2 %/an depuis 150 ans) induiraient, au bout de 40 ans, un patrimoine de 536 048 €.

Voici le résultat d'une simulation réalisée sur 30 ans comprenant une épargne mensuelle de 200€/mois avec un rendement de 10%/ans

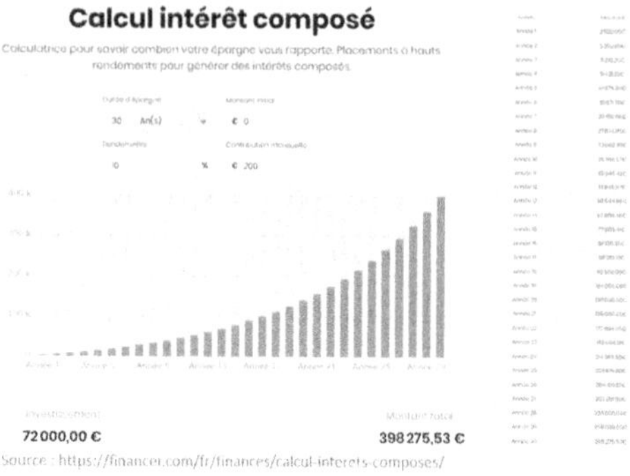

Face à cela, beaucoup répondraient que pour atteindre une telle performance, il est nécessaire de prendre des risques considérables. Mais en réalité, le pire des risques est de n'en prendre aucun. À long terme, les actifs qui créent de la valeur s'apprécient quand notre épargne se dilue à cause de l'inflation :

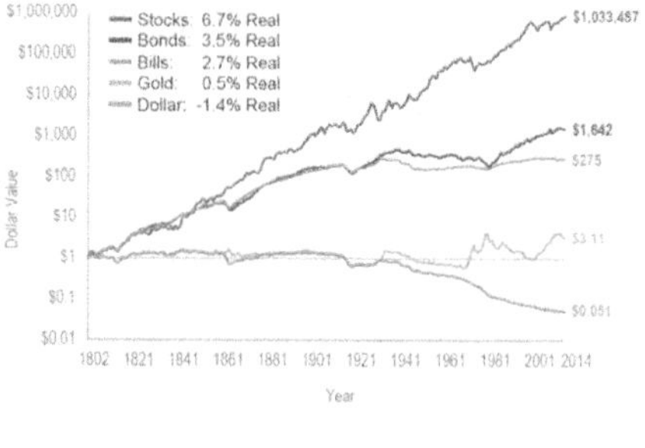

Évolution de la valeur des actifs sur 200 ans

Source : Jérémy Siegel

Comme nous le rappelle ce graphique extrait de l'œuvre de Siegel régulièrement cité sur la chaîne YouTube ***Parlons Long Terme***, il est bien plus pertinent à long terme de mettre son épargne sur des actifs qui s'apprécient comme les actions.

Le pouvoir d'achat associé à 1 $ en 1802 correspondait à 5 centimes en 2014 à cause de l'inflation. Alors que ce même dollar positionné sur le marché boursier (sur un indice tel que le Dow Jones par exemple) vaudrait plus d'un million d'euros.

Dans cette même idée, j'ai réalisé une vidéo sur une histoire vraie d'un homme ordinaire au destin extraordinaire que nous livre Tony Robbins dans son livre *Master the Money Game*[3]. Cet homme se nomme Theodore Johnson et n'a jamais gagné plus de 14 000 dollars par an. Il a travaillé pour UPS et à son âge avancé, sa valeur nette était de plus de 70 millions de dollars. Tout ce qu'il a fait, c'est appliquer les principes transmis sur la chaîne YouTube ***Parlons Long Terme.*** Vous trouverez en bas de page le lien[4] de la vidéo décrivant les secrets de sa réussite.

Face à cela, rappelez-vous bien qu'il est plus pertinent de placer votre argent sur des actifs qui s'apprécient tels que des actions ou des obligations que de le laisser sur un livret à faible rendement. L'argent liquide perd de sa valeur chaque année quand les autres classes d'actifs présentées sur ce graphique s'apprécient.

- **Maintenant que vous êtes conscient de cela, que comptez-vous faire ?**

Allez-vous continuer à voir la bourse comme un lieu risqué s'apparentant à du casino ? Ou allez-vous considérer la possibilité de devenir co-propriétaire (soit actionnaire) d'entreprises que vous conserverez à long terme pour vous constituer votre patrimoine et encourager vos enfants à faire de même ?

LA MISE EN PRATIQUE

Les notions vues précédemment seront difficiles à transmettre autrement que telles quelles à l'adolescent qui en profitera. Cependant, nous pouvons tout de même associer à cela une activité ainsi qu'un jeu qui font office de piqûre de rappel pour ces fondamentaux.

Je suis dans le cadre de mon métier de conseiller en gestion de patrimoine indépendant, spécialisé en allocation de capital en bourse.

Comme tout le monde, il m'arrive d'offrir un McDonald's à des jeunes de ma famille. En revanche, je profite toujours de ce moment pour engager une discussion intéressante, car leur menu me permet de leur introduire la notion d'actif…

En effet, en allant chez McDonald's et après leur avoir offert ce qu'ils souhaitaient, je leur demande combien ils ont d'argent de côté. Suite à cela, je leur demande combien de menus comme celui-ci ils pourraient payer avec ce montant.

Une fois ce petit calcul réalisé, je leur annonce de mon côté que c'est le restaurant qui m'offre mes menus. En effet, je suis actionnaire de cette entreprise qui me verse régulièrement un dividende. Ainsi lorsqu'un d'eux dépense son argent au McDonald's, une partie me revient dans la poche en tant que propriétaire partiel. Et c'est ce statut de propriétaire partiel, plus communément appelé « actionnaire » qui me permet ensuite de manger gratuitement dans cet établissement.

Ainsi, à l'instar d'investisseurs remarquables tels que Peter Lynch[5], il peut être intéressant de commencer par investir son montant épargné dans des entreprises dans lesquelles nous sommes nous-mêmes clients.

- Avec un peu moins de 3500 € d'action McDonald's, vous avez à l'heure actuelle l'équivalent d'un menu Big Mac offert par mois.
- Avec un peu moins de 4200 € d'action Carrefour, vous avez à l'heure actuelle l'équivalent de 150 € de courses offertes tous les ans.
- Avec un peu moins de **2650 € d'action Total Énergie,** vous avez à l'heure actuelle l'équivalent de **190 € d'essence ou de facture électrique offerte tous les ans.**

De plus, ces actifs sont susceptibles de prendre de la valeur quand nos monnaies perdent tous les ans un peu plus de valeur à cause de l'inflation.

Total Énergie va d'ailleurs faire office de transition vers notre dernier jeu. Un jeu qui préparera notre adolescent à des problématiques auxquelles il fera face. Un jeu qui synthétise tous les autres ! Son nom : ***défi fournisseur***.

LES JEUX

L'idée va être de lancer un défi à l'adolescent pour qu'il vous fasse faire des économies. Demandez-lui de vous trouver, par exemple, un fournisseur d'énergie moins cher en ligne. Vous me direz assez logiquement que cette activité ne semble pas très excitante. Cependant, rien ne vous empêche de la pimenter en transférant une partie du coût annuel économisé sur leur compte bancaire.

Plus tôt, ils apprendront à naviguer sur les sites de comparaison et à se familiariser avec la recherche des meilleures offres en ligne, plus ils économiseront au cours de leur vie. Mieux encore, cela les rendra plus autonomes lorsqu'ils feront face à ces démarches pour leur premier logement, par exemple.

Appliquez sans retenue ces défis. Transmettez largement le « concept du Big Mac offert » en tant qu'actionnaire. Tous ces principes ne semblent peut-être pas les plus nobles, mais ils sont d'une efficacité redoutable pour l'établissement de bons réflexes financiers au 21e siècle. Un siècle où l'actionnaire est roi. Un siècle où nous sommes plus que jamais constamment sollicités à dépenser plus. Un siècle où tout est possible.

. . .

Avant leur envol, n'oublions pas de transmettre aux adolescents les rudiments de la gestion d'un budget et de la constitution d'un patrimoine. Dans cette idée, la différenciation de l'actif et du passif est un élément essentiel à ne pas omettre.

CHAPITRE 8
QUELQUES DERNIÈRES RECOMMANDATIONS INCLASSABLES

Allant de Freud, aux questions d'introspections en passant par le simple fait de parler à voix haute d'argent, nous allons, avant de conclure, rappeler quelques lignes directrices qui pourront vous être utiles.

Si vous souhaitez que votre enfant bénéficie de la meilleure éducation financière qui soit, le premier effort à faire reste d'être un modèle en tant que parent. Dans la nature, dans le sport tout comme dans les affaires, le mimétisme reste une des formes d'apprentissage les plus naturelles. C'est une forme d'apprentissage qui est inconsciente, mais extrêmement puissante. Ainsi, lorsque vous parlerez de budgétisation à vos enfants, efforcez-vous de vous aussi tenir rigoureusement votre budget. Lorsque vous ferez l'éloge de l'épargne, montrez ce que vous avez de votre côté mis en place. Lorsque vous l'encouragez à faire des petits boulots, montrez ce que votre travail vous rapporte également.

Maintenant, personne ne peut prétendre être un modèle dans tout. Peut-être vous intéressez-vous d'ailleurs au sujet de réussir l'éducation financière de vos enfants parce que vous considérez la vôtre ratée. Ce n'est pas grave et ce n'est pas de votre faute d'ailleurs. Profitez-en pour partager vos erreurs à vos enfants. Partagez les raisons pour lesquelles transmettre toutes ces notions sont essentielles à vos yeux !

Retenez ces mots de Rachel Cruz, experte financière et co-auteur du livre à succès *Smart Money Smart Kids: Raising the Next Generation to Win with Money*[1] : « Si vous n'enseignez pas l'argent à vos enfants, le monde le fera »

Dans son œuvre *Formulation sur les deux principes du fonctionnement psychique* (1911) Freud distinguait à ce titre le principe de réalité du principe de plaisir. Le principe de plaisir correspondant, par exemple, au fantasme que peut avoir un enfant en nous voyant payer avec une carte bleue et en se disant que cela permet de payer d'une façon illimitée. Le principe de réalité est le mur que ce même enfant rencontrera lors de son premier découvert bancaire.

Plus tôt, nous amenons les enfants à adopter le principe de réalité au sujet de l'argent, plus tôt leur raison fera office de barrière pour ne pas retomber dans les travers du principe de plaisir appliqué à l'argent. Des travers qui peuvent conduire à l'achat compulsif, aux jeux d'argent, à un attachement émotionnel malsain à l'argent et au matériel ou pire encore : à la faillite personnelle.

Heureusement, en appliquant les différents points énoncés dans ce livre, vous serez en mesure d'amener naturellement votre enfant à adopter le principe de réalité au sujet de l'argent. En transmettant chacun des concepts de ce livre, via les jeux, les exemples d'applications ou encore vos commentaires quotidiens à voix haute au sujet de l'argent, vous surpassez tout tabou social au profit d'une éducation financière réussie pour l'enfant qui en profitera.

Pour accéder à la plateforme d'entraide entre parents ainsi qu'à tous les bonus surprises et les ressources exclusives associées au livre, rendez-vous à l'adresse :

https://www.eduquer-financierement-ses-enfants.fr/bonus-livre

Ou scanner ce QRcode pour accéder directement à la page.

CONCLUSION

Avant de récapituler les points parcourus au cours de cette lecture, je tenais à vous adresser mes félicitations pour avoir lu jusqu'à la fin. Quand beaucoup de livres papier prennent la poussière sans jamais être parcourus, quand la majorité des livres numériques restent enfouis dans des boites mail sans jamais être ouverts, vous avez de votre côté dévoré ce livre jusqu'à sa conclusion !

De la même façon que vous n'avez pas tardé à lire ce contenu, ne tardez pas à éduquer financièrement les enfants qui vous entourent. Le plus tôt sera le mieux. Plus vous vous y prenez tôt, plus ces enfants seront armés pour faire face aux réalités financières du monde dans lequel ils évolueront.

Il est essentiel de laisser les enfants expérimenter et faire des erreurs. Le jeu fait également partie intégrante du processus d'apprentissage.

Dans un vent contraire aux règles de prétendue bienséance infructueuse, il faudra parler d'argent en rentrant des cours, lors de dépenses importantes ou lorsque vous jouez au Monopoly. Bref, bien que cela soit au début contre-intuitif, sachez vous mettre dans l'inconfort à ce sujet, car cela leur sera profitable.

Il faudra également définir un cadre qui prendra selon les tranches d'âge la forme de tirelire, de budget, de carte de débit. Cependant, il fera partie intégrante de cette éducation financière.

Vous trouverez sur le site https://www.eduquer-financierement-ses-enfants.fr/bonus-livre des exemples de fichier Excel dont vous pourrez vous inspirer pour définir ces structures.

Enfin, n'oublions jamais que de la même façon que ceux qui nous ont précédés à bien des égards étaient nos modèles, il en va de même pour ceux qui nous succèderont. Ainsi, ayons une attitude exemplaire dans la gestion de nos finances au quotidien ainsi que dans la gestion de notre épargne pour transmettre cela à nos enfants.

CHAPITRE 9

PLAIDOYER À L'INTENTION DU SYSTÈME SCOLAIRE

Bien que les principes et bonnes pratiques d'éducation financière et de sensibilisation de l'OCDE recommandent que l'éducation financière commence le plus tôt possible et soit enseignée dans les écoles, rien n'est fait dans ce sens. L'ère de l'information dans laquelle nous rentrons est bien différente de l'ère industrielle sur laquelle se sont construits nos systèmes scolaires.

Parce qu'il n'est pas dit que l'état pourra constamment se substituer aux responsabilités financières de chacun, parce que les stratégies de ventes agressives et ciblées se développent de plus en plus pour encourager l'achat compulsif, parce que c'est un outil politique juste et efficace, nous nous devons d'inclure l'éducation financière dans les programmes scolaires.

Intégrer l'éducation financière dans le programme scolaire, c'est permettre à la prochaine génération d'adopter un comportement financier responsable et sain.

Pour mettre fin à toute forme d'injustice, je ne connais pas d'arme plus puissante au monde que l'éducation.

Partagez ce livre pour que ce message ait l'impact qu'il se doit d'avoir pour les générations futures.

CHAPITRE 10

QUESTIONNAIRE À COMPLÉTER SUITE À VOTRE LECTURE

Listez les mauvais comportements que vous avez avec vos enfants et que vous allez arrêter à la suite de cette lecture.

-

-

-

-

-

Parmi cette liste, quel comportement va être le plus difficile à arrêter et pourquoi ?

Qu'allez-vous mettre en place immédiatement pour y remédier ?

Qu'allez-vous mettre en place sur le long terme pour y remédier ?

Listez les bons comportements que vous avez avec vos enfants et que vous allez perpétuer à la suite de cette lecture :

-

-

-

-

-

Parmi cette liste, quel comportement va être le plus facile à améliorer et pourquoi ?

Qu'allez-vous mettre en place immédiatement pour l'améliorer ?

Qu'allez-vous mettre en place sur le long terme pour l'améliorer ?

Pour ces 5 grandes thématiques, comment évaluez-vous votre enseignement actuel vis-à-vis de vos enfants ?

Notes de 0 à 10 à entourer

ÉPARGNE
0 - 1 - 2 - 3 - 4 - 5 - 6 - 7 - 8 - 9 - 10

DÉPENSE
0 - 1 - 2 - 3 - 4 - 5 - 6 - 7 - 8 - 9 - 10

RESPONSABILITÉ
0 - 1 - 2 - 3 - 4 - 5 - 6 - 7 - 8 - 9 - 10

PATRIMOINE
0 - 1 - 2 - 3 - 4 - 5 - 6 - 7 - 8 - 9 - 10

MISE EN PRATIQUE
0 - 1 - 2 - 3 - 4 - 5 - 6 - 7 - 8 - 9 - 10

Quelles sont les thématiques sur lesquelles vous estimez avoir du retard ?

-

-

-

-

-

Comment comptez-vous combler ce retard ?

____

____

____

____

____

Quelles sont les thématiques sur lesquelles vous estimez avoir de l'avance ?

-

-

-

-

-

Comment comptez-vous garder cette avance ?

Commentaires personnels supplémentaires.

CHAPITRE 11

20 PRINCIPES MORAUX ET PROVERBES À S'APPROPRIER VIS-À-VIS DE L'ARGENT

1. La richesse ne correspond pas à un montant, mais à un ratio entre ce que vous dépensez et ce que vous gagnez. Ne dépensez jamais plus que ce que vous gagnez.

2. Mettez en place une épargne de précaution. L'avenir nous réserve des surprises et c'est un rempart de protection essentiel. L'équivalent de 6 mois de dépense courante est une somme cible à atteindre pour son épargne de précaution. Cette somme vous permettra de rebondir sereinement dans beaucoup de situations comme une perte d'emploi, par exemple.

3. N'ayez pas peur de marchander et faites-le devant les enfants. Il n'y a pas de façon de gagner plus rapidement de l'argent qu'en négociant.

4. L'argent ne fait pas le bonheur, maximisez les expériences et le temps que vous passez avec ceux que vous aimez plutôt que de vous focaliser sur l'acquisition de bien matériel.

5. Si vous cherchez à gagner en liberté financière, rappelez-vous que c'est un marathon et non un sprint. Vouloir courir un sprint sur 42 kilomètres vous conduira à prendre beaucoup plus de risques et de facto vous exposera à de plus grandes pertes.

6. La clé de toute leçon financière réside dans la planification. Mettez en place votre plan et transmettez ce savoir-faire à ceux qui vous entourent.

7. Sortez de votre zone de confort en apprenant de nouvelles connaissances en vue d'édifier votre patrimoine.

8. La vie n'est pas éternelle, cela fait donc de notre temps notre ressource la plus précieuse. Warren Buffett donnerait très certainement toute sa fortune pour avoir de nouveau 20 ans. Sachez donc éviter les dépenses "de temps" inutiles ou aliénantes. Profitez autant que faire se peu du moment présent et battez-vous pour votre liberté et celles de vos proches.

9. Demandez-vous avant chaque achat si cela correspond à un besoin ou un désir. Les achats associés aux désirs devront être exceptionnels. Cela vous fera économiser de l'argent et vous apportera plus de bonheur lorsqu'occasionnellement vous vous les offrirez. Dans cette idée, laissez-vous toujours un délai de réflexion avant un achat supérieur à 10% de ce que vous gagnez mensuellement.

10. Sachez évaluer vos coûts à long terme. Les coûts liés aux taxes, aux frais de gestion d'un investissement, à l'assurance d'une voiture hors de prix. Privilégiez les coûts fixes aux abonnements. La gestion de ces coûts à long terme pourra changer l'apparence de votre patrimoine du simple au double.

11. Plus on apprend, plus on gagne et dans cette idée, sachez que l'argent ne s'autogère pas et l'état ne le fera pas à votre place non plus. Apprenez donc à prendre cet aspect-là de votre vie en main.

12. Donnez du sens à vos actions financières en les corrélant avec votre système de valeur. Si vous recherchez de la liberté, ne vous enfermez pas dans une stratégie d'investissement qui vous en privera.

13. Évitez, autant que faire se peut, de contracter une mauvaise dette. Soit une dette qui à la fin de l'année vous a coûté plus que ce qu'elle vous a rapporté.

14. Commencez à investir dès aujourd'hui, plus vous tardez à mettre cette dynamique en place, plus l'effet cumulé joue en votre défaveur.

15. L'argent, justement dépensé, nous apporte de la liberté. Sachez raisonner vos dépenses et voir plus loin que l'année en cours pour vous offrir demain le projet de vos rêves.

16. Donner. Si le matérialisme rend malheureux, il en va de même pour l'avarice : sachez donc partager votre richesse et vos expériences. La mise en place d'une petite somme que vous mettriez de côté mensuellement pour supporter une cause qui vous tient à cœur est une démarche juste.

17. Il faut décorréler nos émotions de l'argent. L'argent est une ressource renouvelable. En apprenant, en investissant, vous prendrez des risques et vous vous exposerez à des pertes. Sachez donc profiter d'une façon neutre de ce que vos pertes vous apprennent et de ce que vos gains vous rapportent.

18. Nous sommes ce que nous faisons par habitude. Mettez rapidement en place des habitudes au sujet de la gestion de votre épargne et tenez-vous-y.

19. Si vous faites le choix d'investir, focalisez-vous sur ce que vous maîtrisez après vous être éduqué financièrement.

20. « Investissez en actions toutes les économies dont vous n'aurez pas besoin dans un futur proche » - Francisco García Paramés. À savoir : si vous n'êtes pas formé pour sélectionner vos actions par vous-même, investissez dans un indice boursier (exemple : S&P500, CAC40, OMX Nordic 40).

CHAPITRE 12
AU SUJET DE L'AUTEUR

Ingénieur généraliste de formation, Rémi est aujourd'hui Conseiller en Gestion de Patrimoine Indépendant accréditée par l'autorité des marchés financiers. Grâce à son entreprise ParlonsLongTerme OÜ spécialisée en ingénierie financière appliquée à l'investissement à long terme, il exerce depuis 2021 dans la mise à disposition de conseil indépendant et de formation ainsi que dans le développement de solutions informatiques appliquées à la finance.

L'environnement familial dont il a bénéficié, additionné à sa passion pour la finance l'ont amené tôt à accomplir ses objectifs financiers. Il fait aujourd'hui de la démocratisation de ses connaissances sa mission de vie.

. . .

Pour en savoir plus, rendez-vous sur la chaîne YouTube ***Parlons Long Terme***.

N'oubliez pas de vous rendre également sur le site https://www.eduquer-financierement-ses-enfants.fr/bonus-livre pour bénéficier de vos bonus exclusifs associés à la lecture de ce livre tels que la **communauté d'entraide entre parents**.

CHAPITRE 13

7 LIVRES QUE JE VOUS RECOMMANDE CHALEUREUSEMENT

1. *Père riche père pauvre* de Robert T. Kiyosaki, Un monde different, 2020
2. *Et si vous en saviez assez pour gagner en bourse* de Peter Lynch, Valor 1999
3. *Ne coupez jamais la poire en deux* de Chriss Voss, Belfond, 2018
4. *Investir à long terme* de Francisco García Paramés, Valor, 2018
5. *Investir sur les actions à long terme : Le guide des rendements des marchés et les stratégies d'investissement à long terme* de Jeremy Siegel, Valor, 2017
6. *Libérez votre cerveau !* de Idriss ABERKANE, Robert Laffont, 2017
7. *Rich Kid Smart Kid: Giving Your Child a Financial Head Start* de Robert T. Kiyosaki, Plata Publishing, 2021

REMERCIEMENTS

Je remercie tendrement ma compagne Estelle, mes amis et partenaires d'affaires, tout particulièrement Timothy Robin, pour leur soutien indéfectible ces dernières années.

Je tiens également à remercier tous les membres de la communauté ***Parlons Long Terme*** sans qui ce livre n'aurait jamais été écrit. Votre confiance, vos encouragements ainsi que vos retours sont pour moi de l'or que je n'ai plus qu'à sculpter dans un second temps.

Je porte une attention particulière à Jean-Louis Wolfs, premier membre accompagné et qui est aujourd'hui un ami. Ta vision de la vie et du monde des affaires m'a été d'une richesse inestimable ces dernières années et dans l'écriture de ce livre.

Toute ma gratitude va aux relectrices professionnelles de ce livre : Aude Ceccarelli, Océane Musso, Murielle Damy ainsi qu'à tous les membres de la communauté qui se sont attelés à cette tâche : Cyril Wolfs, Loréna Huchon, Pierre Delabre, Grégoire Buissière, Bruno Doguiet, Vincent Alluin, Khalid Bloussane, Philipe Vigneault, Cyrille Tual, Elouan Journée, Mathys Farges, Anthony Bonnin, Adrien Farner, Alexis Bernard, Adrien

Desrivières, Arthur Danino, David Desachy et bien d'autres…

Ce livre fut également l'occasion de rencontrer professionnellement et personnellement Clément Herbez du site *editersonlivre.com* que je ne remercierai jamais assez. Je ne pense pas que sans son accompagnement personnalisé et ses précieux conseils, ce livre aurait vu le jour en 2022.

Enfin, j'adresse mon infinie reconnaissance à mes parents, qui ont su créer pour mes deux sœurs et moi l'environnement sain dans lequel nous nous sommes construits. La créativité, la confiance en soi et la finesse des mots dont j'ai hérité sont le fruit de votre éducation.

Impression à la demande

Dépôt légal : février 2022

ISBN : 978-9916-4-1033-2

NOTES

INTRODUCTION

1. Site : www.slideshare.net/TRowePrice/t-rowe-prices-11th-annual-parents-kids-money-survey
2. The State of U.S. Financial Capability : The 2018 National Financial Capability Study, FINRA
3. Lien chaîne ***Parlons Long Terme*** : https://www.youtube.-com/channel/UCVZ3gWFatcRhOLXoxT0NXcA

1. POURQUOI NE FAUT-IL PAS PRENDRE CE SUJET À LA LÉGÈRE ?

1. Inspiré des travaux de Paul Lermite auteur de Allocations : dollars and sense, McGraw-Hill Ryerson, 1999
2. Plata Publishing, 2021

2. INTRODUCTION À L'ARGENT POUR LES ENFANTS DE 3 À 5 ANS

1. https://www.oecd.org/finance/financial-education/35108560.pdf

3. INTRODUCTION À L'ÉPARGNE POUR LES ENFANTS DE 6 – 7 ANS

1. Walter Mischel, Ebbe B. Ebbesen, Antonette Raskoff Zeiss, Cognitive and attentional mechanisms in delay of gratification., 1972
2. Lampo Press, 2014

4. ÉPARGNER ET APPRENDRE À DÉPENSER POUR LES ENFANTS DE 8 À 10 ANS

1. https://aka.esrc.ukri.org/news-events-and-publications/news/news-items/regret-can-improve-decision-making-in-children/

5. LA RESPONSABILITÉ POUR LES ENFANTS DE 11 À 13 ANS

1. EYROLLES, 2014

7. LA MISE EN PRATIQUE DANS LE MONDE RÉEL ET PATRIMOINE, DE 16 À 18 ANS

1. https://www.parents.com/kids/responsibility/money-management/ways-to-talk-to-your-teen-about-taxes/
2. BN Publishing, 2012
3. Simon & Schuster, 2014
4. https://www.youtube.com/watch?v=1rno3zbpo_s
5. Peter Lynch est un investisseur, gestionnaire de fonds communs de placement et philanthrope américain. En tant que gestionnaire du Magellan Fund chez Fidelity Investments entre 1977 et 1990, Lynch a enregistré un rendement annuel moyen de 29,2 %, soit plus du double de l'indice boursier S&P 500, ce qui en fait le fonds commun de placement le plus performant au monde. Au cours de son mandat de 13 ans, les actifs sous gestion sont passés de 18 millions à 14 milliards de dollars américains. (source : Wikipédia)

8. QUELQUES DERNIÈRES RECOMMANDATIONS INCLASSABLES

1. Lampo Press, 2014

Made in the USA
Monee, IL
19 October 2026

66035253R00069